박문각 공인중개사

이태호 2차
부동산세법

이 책의 **차례**

지방세

국 세

지방세

> **출제빈도** 제16회, 제17회, 제18회, 제20회, 제22회, 제24회, 제25회, 제27회, 제31회, 제32회, 제33회
> 시험범위 내의 지방세에서 신고납부되는 세목은 취득세와 등록면허세이다. 취득세의 부과 · 징수방법은 신고납부로 법정 신고납부기간이 취득세의 총괄적 문제에서 출제되고 있으며, 가산세와 연관되어 출제되고 있다. 취득세의 신고납부기간을 알면 등록면허세는 금방 알게되고 비교된다.

01 취득세의 부과 · 징수

1 원칙 : 신고납부

일반적인 경우	취득일~60일 내 신고납부	
토지허가구역 내에서 허가받기 전에 대금완납한 경우	허가일~60일 내 신고납부	
취득 후 중과세율 적용	60일 내 신고납부	가산세 제외
비과세받은 후 부과 경우		

예 외	**상속**으로 취득	상속개시일이 속하는 **달의 말일** ~ **6 개월** 내
	증여로 취득(부담부증여 포함)	취득일이 속하는 **달의 말일~3개월** 내
	신고납부기한 내에 공부에 **등기 · 등록**하려는 경우	등기 · 등록 신청서 접수하는 날까지 신고납부

① 주거용 건축물을 취득한 날부터 **60일 이내에** 주거용이 아닌 용도로 사용하거나 주택으로 보지 아니한다. ↳ 신고납부 기한 내

> **문제풀이 요령**   마침표 앞에 "취득세 **신부납부**"를 문제 key로 잡고 '**상속**'이란 단어가 있으면 상속개시일이 속한 **달의 말일로부터 6개월 내**, '**증여**'란 단어가 있으면 취득일이 속한 **달의 말일로부터 3개월 내**, '**등기, 등록**'이란 단어가 있으면 신청서 접수날까지 신고납부한다. 취득세의 신고납부의 문장에서 '**상속**', '**증여**', '**등기 · 등록**'이란 단어가 **없으면** 일반적 경우로 **60일 내 신고납부이다.**

② 「부동산등기법」에 따라 채권자대위권에 의한 등기신청하려는 **채권자대위자는** 납세의무자를 **대위하여** 부동산취득에 대한 취득세를 **신고납부할 수 있다.** 지방자치단체의 장은 채권자대위자의 부동산의 등기에 대한 취득세 · 등록면허세 신고납부가 있는 경우 납세의무자에게 그 사실을 즉시 통보하여야 한다.

2 취득세 부과·징수방법의 예외 ⇨ 보통징수

> 취득세 납세의무자가 위의 **신고 또는 납부의무를 다하지 아니하면** 산출세액 또는 그 부족세액에 「지방세기본법」 제53조의2부터 제53조의4까지의 규정에 따라 산출한 **가산세를 합한** 금액을 세액으로 하여 **보통징수의 방법으로 징수**한다.

(1) 제척기간(제19회, 제25회, 제26회, 제29회, 제32회, 제34회)

① 제척기간이란 징수하는 자가 법정기간동안 부과권을 행사하는 기간으로 중단·정지 사유는 없다. 다음 ㉠~㉣에 규정된 기간이 끝난 날 후에는 부과할 수 없다.

   ㉠ 납세자가 <u>사기</u>나 그 밖의 **부정**한 행위로 국세를 포탈(逋脫)하거나 환급·공제받은 경우에는 그 국세를 부과할 수 있는 날부터 **10년(역외 거래는** <u>15년)</u>

   ㉡ 납세자가 법정신고기한까지 과세표준<u>**신고서를 제출하지 아니**</u>한 경우에는 해당 국세를 부과할 수 있는 날부터 **7년간**

   ㉢ ㉠ 또는 ㉡에 해당하지 아니하는 경우(과소신고·<u>결정되는 국세·지방세)</u>에는 해당 국세를 부과할 수 있는 날부터 **5년간**　　　　　　↳ 종합부동산세·재산세

   ㉣ <u>상속·증여를 원인으로 취득하는 경우로 취득세</u> 법정신고기한까지 과세표준신고서를 제출하지 아니한 경우에는 <u>10년</u>

> ② 제척기간 기산일
> 지방세 부과제척기간의 기산일(지방세기본법시행령 제19조 제1항)
> ㉠ 신고납부하도록 규정된 지방세·국세: 신고기한의 다음 날
> ㉡ ㉠ 외의 지방세·국세 (⇨ **재산세·종합부동산세**)　납세의무**성립일**(⇨ 과세**기준일**인 6월 1일)

(2) 가산세

① **신고 관련 가산세**

   ㉠ 납세의무자가 법정신고기한까지 <u>과세표준 신고를 한 경우로서</u> 신고하여야 할 납부세액보다 **적게 신고**한 경우에는 "과소신고·<u>납부세액 등"의 100분의 10에 상당하는</u> 금액을 가산세로 부과한다.

   ㉡ 납세의무자가 법정신고기한까지 과세표준 **신고를 하지 아니한 경우**에는 무신고 납부세액의 **100분의 20에 상당하는 금액을 가산세**로 부과한다.

   ㉢ **사기**나 그 밖의 **부정**한 행위로 법정신고기한까지 과세표준 신고를 하지 아니한 경우에는 <u>무신고·납부세액</u>의 **100분의 40에 상당하는 금액을 가산세**로 부과한다.

② **납부 관련 가산세**

   ㉠ 납부지연가산세: 납부하지 아니한 경우 가산된다. 다음 각 ⓐ-1과 ⓐ-2의 금액을 합한 금액을 가산세로 한다.

   　ⓐ-1: 법정납부기한까지 납부하지 아니하거나 적게 납부한 경우

   > 납부하지 아니한 세액 또는 과소납부분 세액 × 납부기한 다음 날로부터 자진납부일 또는 부과결정일까지의 기간 × 이자율(22/100,000)

ⓐ-2 : 고지서의 납부기한까지 완납하지 아니한 경우에 한함

> 납부하지 아니한 세액 또는 과소납부분 세액 × 100분의 3(납세고지서에 따른 납부기한까지 완납하지 아니한 경우에 한정한다)

③ **법인 장부 작성 불(不)**

지방자치단체의 장은 취득세 납세의무가 있는 법인이 취득 당시의 가액을 증명할 수 있는 장부와 관련 증거서류를 작성하여 갖춰 두어야 하는 의무를 이행하지 아니하는 경우에는 산출된 세액 또는 부족세액의 <u>100분의 10</u>에 상당하는 금액을 징수하여야 할 세액에 가산한다.

④ **중가산세 ⇨ 취득세만 있다.**

ㄱ 취득세 납세의무자가 취득세 **과세물건을 사실상 취득한 후 신고를 하지 않고 매각**하는 경우에는 **산출세액에 80%를** 가산한 세액을 **보통징수방법**에 의하여 부과·징수한다.

ㄴ 중가산세에서 제외되는 재산
  • 취득일부터 <u>취득신고를 한 후 매각한 과세물건</u>
  • 취득세 과세물건 중 등기 또는 등록이 필요하지 아니하는 과세물건(골프 회원권, 승마 회원권, 콘도미니엄 회원권 및 종합체육시설 이용 회원권은 제외한다)
  • **지목변경**, 차량·기계장비 또는 선박의 종류 변경
  • **주식 등의 취득 등** 취득으로 보는 과세물건

> **문제풀이 요령** 취득세의 문제에서 "**신고하지 아니하고 매각**"이란 구절을 문제의 키로 잡고, 앞에 **등기된** 또는 토지**지목변경, 주식**이란 단어가 있는지 없는지 찾아보고 **없으면 중가산세(산출세액의 80%)가산**하여 보통징수 방법으로 부과·징수한다. **등기된** 또는 토지**지목변경 주식**이란 단어가 **있으면 중가산세**(산출세액의 80%)는 **제외**된다.

문 100선

01 다음은 취득세의 부과·징수에 대한 설명이다. 옳은 것은?

① 과세물건을 취득한 후 중과세 세율 적용대상이 되었을 경우 60일 이내에 산출세액에서 이미 납부한 세액(가산세 제외)을 공제하여 신고·납부하여야 한다.

② 취득세 과세물건을 취득한 자가 재산권의 취득에 관한 사항을 등기하는 경우 등기한 후 60일 내에 취득세를 신고·납부하여야 한다.

③ 주거용 건축물을 취득한 날부터 30일 이내에 주거용이 아닌 용도로 사용하거나 고급주택이 아닌 용도로 사용하기 위하여 용도변경공사를 착공하는 경우는 고급주택으로 보지 아니한다.

④ 부동산을 증여의 원인으로 취득한 경우에 취득일(계약일)로부터 3개월 내에 신고납부한다.

⑤ 토지의 지목변경에 따라 사실상 그 가액이 증가된 경우, 취득세의 신고를 하지않고 매각하는 경우에는 산출세액에 80%를 가산한 세액을 보통징수방법에 의하여 부과·징수한다.

정답 ①

해설 ② 취득세 과세물건을 취득한 자가 재산권의 취득에 관한 사항을 등기하는 경우 신청서접수 날 까지 취득세를 신고·납부하여야 한다.
③ 주거용 건축물을 취득한 날부터 60일 이내에 주거용이 아닌 용도로 사용하거나 고급주택이 아닌 용도로 사용하기 위하여 용도변경공사를 착공하는 경우는 고급주택으로 보지 아니한다.
④ 부동산을 증여의 원인으로 취득한 경우에 취득일(계약일)이 속하는 달의 말일로부터 3개월 내에 신고납부한다.
⑤ 토지의 지목변경에 따라 사실상 그 가액이 증가된 경우, 취득세의 신고를 하지않고 매각하는 경우에는 산출세액에 80%를 가산하지 아니한다.

02 납세의무자가 법정신고기한까지 양도소득세의 과세표준신고를 하지 아니한 경우(부정행위로 인한 무신고는 제외)에는 그 무신고납부세액에 100분의 20을 곱한 금액을 가산세로 한다. (○, ×)

정답 ○

03 납세의무자가 지방세법에 따른 납부기한까지 지방세를 납부하지 않은 경우 산출세액의 100분의 20을 가산세로 부과한다. (○, ×)

정답 ○

04 다음은 국세기본법 또는 지방세기본법의 제척기간의 설명이다. 옳은 것으로 묶여진 것은?

> ㉠ 납세자에게 부정행위가 없으며 특례제척기간에 해당하지 않는 경우 원칙적으로 납부고지일부터 3년이 지나면 종합부동산세를 부과할 수 없다.
> ㉡ 취득세의 경우 부과제척기간의 기산일은 과세표준과 세액에 대한 신고기한의 다음 날이다.
> ㉢ 납세자가 「조세범 처벌법」에 따른 사기나 그 밖의 부정한 행위로 종합소득세를 포탈하는 경우(역외거래 제외) 그 국세를 부과할 수 있는 날부터 15년을 부과제척기간으로 한다.
> ㉣ 취득세의 납세자가 법정신고기한까지 과세표준신고서를 제출하지 아니한 경우에는 해당 취득세를 부과할 수 있는 날부터 10년을 부과제척기간으로 한다.

① ㉡　　　　　　② ㉠, ㉡　　　　　　③ ㉢
④ ㉢, ㉣　　　　　⑤ ㉣

정답 ①

해설 ㉠ 납세자에게 부정행위가 없으며 특례제척기간에 해당하지 않는 경우 원칙적으로 납세의무 성립일부터 5년이 지나면 종합부동산세를 부과할 수 없다.

㉢ 납세자가 「조세범 처벌법」에 따른 사기나 그 밖의 부정한 행위로 종합소득세를 포탈하는 경우(역외거래 제외) 그 국세를 부과할 수 있는 날부터 10년을 부과제척기간으로 한다.

㉣ 취득세의 납세자가 법정신고기한까지 과세표준신고서를 제출하지 아니한 경우에는 해당 취득세를 부과할 수 있는 날부터 7년을 부과제척기간으로 한다.

05 다음은 취득세의 납세의무 또는 부과·징수의 설명이다. 옳은 것은?

① 취득세의 납세의무 성립은 취득일로부터 60일이 되는 때이다.

② 취득세는 보통징수 방법에 의해 부과·징수한다.

③ 상속으로 취득세 과세물건을 취득한 자는 상속개시일부터 60일 이내에 산출한 세액을 신고하고 납부하여야 한다.

④ 법인의 취득당시가액을 증명할 수 있는 장부가 없는 경우 지방자치단체의 장은 그 산출된 세액의 100분의 20을 징수하여야 할 세액에 가산한다.

⑤ 신고·납부기한 이내에 재산권과 그 밖의 권리의 취득·이전에 관한 사항을 공부에 등기하거나 등록(등재 포함)하려는 경우에는 등기 또는 등록 신청서를 등기·등록관서에 접수하는 날까지 취득세를 신고·납부하여야 한다.

정답 ⑤

해설 ① 취득세의 납세의무 성립은 취득하는 때이다.

② 취득세는 신고납부 방법에 의해 부과·징수한다.

③ 상속으로 취득세 과세물건을 취득한 자는 상속개시일이 속하는 달의 말일부터 6개월 이내에 산출한 세액을 신고하고 납부하여야 한다.

④ 법인의 취득당시가액을 증명할 수 있는 장부가 없는 경우 지방자치단체의 장은 그 산출된 세액의 100분의 10을 징수하여야 할 세액에 가산한다.

제2절 **취득세 과세 여부**

> **출제빈도** 제3회, 제4회, 제5회, 제8회, 제15회, 제17회, 제18회, 제20회, 제21회, 제26회, 제27회, 제28회, 제30회, 제32회, 제33회, 제34회, 제35회
> 취득세의 과세에 관한 문제는 **취득세의 비과세**, 취득세과세되는 경우로 **유상취득, 상속취득, 증여취득의 구별**문제가 자주 출제되고 있다.

> 취득세는 취득세 과세대상물에 해당되고 비과세에 해당되지 아니한 취득에 대해 취득세 과세한다.

1 취득세 과세대상물(제3회, 제17회, 제26회)

> 부동산(토지·건축물), 차량(모든 차량), 기계장비(건설기계로 중장비로 외움), 선박(모든배), 항공기(사람탑승비행기), 광업권, 어업권, 양식업권, 종합체육시설물 회원권, 입목, 콘도미엄 회원권, 골프 회원권, 승마 회원권, 요트 회원권

> **암기요령** **부** **차** **중** **배** 타고 **비**행기 타고 **광** **어** **양식**하자. **종**합적으로 **입**벌리고 **코** 골며 **승**마 타**요**

> **문제풀이 요령** ○○권은 **회원권, 광업권, 어업권, 양식업권만** 취득세 과세대상물에 해당된다.
> ⇨ 사치성 재산인 **골프장·고급오락장·고급주택·고급선박** ⇨ 이 단어가 문장 안에 있으면 무조건 취득세 과세한다.　　└ 사치성 재산

2 취득세 비과세

> **출제빈도** 제16회, 제19회, 제23회, 제28회, 제29회, 제30회, 제31회, 제32회, 제33회, 제35회

> (1) 국가 또는 지방자치단체(다른 법률에서 국가 또는 지방자치단체로 의제되는 법인은 제외한다. 이하 같다), 지방자치단체조합, 외국정부 및 주한국제기구의 취득에 대해서는 취득세를 부과하지 아니한다. 다만, 대한민국 정부기관의 취득에 대하여 과세하는 외국정부의 취득에 대해서는 취득세를 부과한다.

> **암기요령** 국가 또는 지자체의 자기를 위한 취득은 비과세한다. 단, 외국정부는 상호면세주의이다.

(2) 국가, 지방자치단체 또는 지방자치단체조합("국가 등"이라 한다)에 귀속 또는 기부채납을 조건으로 취득하는 부동산 및 사회기반시설에 대한 민간투자법 에 해당하는 사회기반시설에 대해서는 취득세를 부과하지 아니한다.

> 다만, 다음 ①②의 어느 하나에 해당하는 경우 그 해당 부분에 대해서는 취득세를 부과한다.
> ① 국가 등에 **귀속 등의 조건을 이행하지 아니하고** 타인에게 매각·증여하거나 귀속 등을 이행하지 아니하는 것으로 조건이 변경된 경우 ⇨ **취득세 과세**

> ② 국가 등에 **귀속 등의 반대급부로 국가 등이 소유하고** 있는 부동산 및 사회기반시설을 무상으로 양여받거나 기부채납 대상물의 무상사용권을 제공받는 경우 ⇨ **취득세 과세**

> **│ 문제풀이 요령 │** 취득세 부과여부의 문제에서, 국가·지방자치단체 등에 "귀속, 기부체납조건"을 문제 개별적 key로 잡고 "**반대급부로**"**있으면** 으로 끝나면 **과세**이다. **없으면 비과세**이다.

⑶ 신탁 재산

> **│ 문제풀이 요령 │** .."신탁등기가 병행된 신탁재산"이란 구절을 문제의 **key word로** 잡고, **조합·명의 신탁이 있으면** 취득세 부과한다. **조합** 또는 명의 신탁이 **없으면** 취득세를 **부과하지 아니**한다.
> **주의** 신탁…**위탁자의 지위 이전**…(이는 실질적인 소유권의 변동이 있는 경우를 의미하므로) ⇨ **취득세 과세**(누구에게 : **새로운 위탁자**에게)

① 신탁(「신탁법」에 따른 신탁으로서 신탁등기가 병행되는 것만 해당한다)으로 인한 신탁재산의 취득으로서 다음 ㉠㉡㉢ 어느 하나에 해당하는 경우에는 취득세를 부과하지 아니한다.

㉠ 위탁자로부터 수탁자에게 신탁재산을 이전하는 경우

㉡ 신탁의 종료 또는 해지로 인하여 수탁자로부터 위탁자에게 신탁재산을 이전하는 경우

㉢ 수탁자가 변경되어 신수탁자에게 신탁재산을 이전하는 경우

> 다만, 다음에 해당하는 경우 그 해당 부분에 대해서는 취득세를 부과한다.
> 신탁재산의 취득 중 **주택조합 등과 조합원** 간의 부동산 취득 및 주택조합 등의 비조합용 부동산 취득 ⇨ 취득세 과세

⑷ 토지의 수용·사용에 관한 환매권의 행사

「징발재산 정리에 관한 특별조치**법**」 또는 국가보위에 관한 특별조치법 폐지법률 부칙 제2항에 따른 동원대상지역 내의 토지의 수용·사용에 관한 환매권의 행사로 매수하는 부동산의 취득에 대하여는 취득세를 부과하지 아니한다.

⑸ 임시 건축물의 취득

임시흥행장, 공사현장사무소 등 임시건축물의 취득(사치성 재산 제외)에 대하여는 취득세를 부과하지 아니한다. 다만, **존속기간이 1년을 초과하는 경우에는 취득세를 부과한다.**

존속기간 1년 초과하지 아니한 **임시**	취득세 비과세한다.
• 존속기간 **1년 초과**한 임시 건축물 • **사치성 재산**은 존속기간에 관계없이	취득세 부과한다.

⑹ 공동주택의 개수

주택법에 따른 **공동주택의 개수**로 인한 취득 중 국민주택규모의 주택으로서 개수(대수선은 과세)로 인한 취득 당시 주택의 시가표준액이 9억원 이하인 주택과 관련된 개수로 인한 취득에 대하여는 취득세를 **과세하지 아니**한다.

> **│ 문제풀이 요령 │** 취득세 부과여부의 문장에서, "**공동주택의 개수**" 있으면…끝말은…**취득세 부과하지 아니한다.**
> **주의** 대수선은 부과·개수는 증가한 경우 부과한다.

문 100선

01 지방세법령상 취득세에 관한 설명으로 틀린 것은? (단, 지방세특례제한법령은 고려하지 않음)

제35회 변형

① 취득가액이 50만원 이하인 경우 부과하지 아니한다.
② 토지의 지목을 사실상 변경함으로써 그 가액이 증가한 경우에는 취득으로 본다.
③ 국가에 귀속의 반대급부로 영리법인이 국가 소유의 부동산을 무상으로 양여받는 경우에는 취득세를 부과하지 아니한다.
④ 영리법인이 취득한 임시흥행장의 존속기간이 1년을 초과하는 경우에는 취득세를 부과한다.
⑤ 신탁(「신탁법」에 따른 신탁으로서 신탁등기가 병행되는 것만 해당한다)으로 인한 신탁재산의 취득 중 주택조합 등과 조합원 간의 부동산 취득에 대해서는 취득세를 부과한다.

정답 ③

해설 ③ 국가에 귀속의 반대급부로 영리법인이 국가 소유의 부동산을 무상으로 양여받는 경우에는 취득세를 부과한다(지방세법 제9조 제2항 제2호).

02 「지방세법」상 신탁(「신탁법」에 따른 신탁으로서 신탁등기가 병행된 것임)으로 인한 신탁재산의 취득으로서 취득세 부과하는 경우는 모두 몇 개인가?

> ㉠ 위탁자로부터 수탁자에게 신탁재산을 이전하는 경우
> ㉡ 신탁의 종료 또는 해지로 인하여 수탁자로부터 위탁자에게 신탁재산을 이전하는 경우
> ㉢ 수탁자가 변경되어 신수탁자에게 신탁재산을 이전하는 경우
> ㉣ 「주택법」에 따른 주택조합이 비조합원용 부동산을 취득하는 경우
> ㉤ 「신탁법」에 따라 신탁재산의 위탁자의 지위이전이 있는 경우의 세로운 위탁자의 신탁재산의 취득

① 1개 ② 2개 ③ 3개
④ 4개 ⑤ 5개

정답 ②

해설 ② 취득세 부과하는 경우는 ㉣, ㉤이다.

③ 취득세 과세되는 경우

취득은 유상, 무상을 불문한 일체의 취득 또는 취득을 원인으로 이루어지는 등기·등록으로 과세된다.

> "취득세 과세대상물에 해당되고 비과세에 해당되지 않았으면 취득세 과세이다." 하면 되고. 취득세 **세율에 적혀있는 거래는 과세되는 거래**이다. 취득세 과세되는 거래에서 **원시취득, 유상취득, 상속취득, 증여취득의 취득세 세율이 다르니 취득 구별에 유념하여야** 한다.

(1) 원시취득으로 취득세 과세 ⇨ 공유수면 매립, 건축물의 신축, 건축물의 **증축은 면적 증가분을 원시취득으**로 과세

　　주의 차량·기계장비·항공기 및 건조하는 선박은 원시취득은 과세하지 않고 승계취득의 경우에 한하여 과세한다.

(2) 재산의 증가는 이루어지지 않으나 소유권등기로 취득세 과세 ⇨ 건축물의 **이전**, 공유물의 재산 **분할**

(3) 유상취득으로 취득세 과세

① 유상취득으로 과세	• 매매　　• **교환**　　• 대물변제

② **부담부 증여**: 부담부증여란 증여자의 채무를 수증자가 인수하는 조건으로 부동산을 취득하는 경우를 말한다.

증여자의 채무를 인수하는 **부담부** 증여의 경우	채무	유상취득
	채무 외 **나머지**	**증여취득**

③ **배우자 간 또는 직계존비속 간의 취득**
　　배우자 또는 직계존비속의 부동산 등을 취득하는 경우에는 **증여로 취득**한 것으로 본다. 다만, 다음 ㉠~㉣ **중 하나**에 해당하는 경우에는 **유상으로 취득**한 것으로 본다.

> ㉠ **공매(경매**를 포함한다. 이하 같다)를 통하여 부동산 등을 취득한 경우
> ㉡ **파산선고**로 인하여 처분되는 부동산 등을 취득한 경우
> ㉢ 권리의 이전이나 행사에 등기 또는 등록이 필요한 부동산 등을 서로 **교환**한 경우
> ㉣ 해당 부동산 등의 취득을 위하여 **그 대가를 지급한 사실을 증명**한 경우 다음 각 ⓐ~ⓒ 어느 하나에 의하여 증명되는 경우
> 　ⓐ 그 대가를 지급하기 위한 취득자의 소득이 증명된 경우
> 　ⓑ 소유재산을 처분 또는 담보한 금액으로 해당 부동산을 취득한 경우
> 　ⓒ 이미 상속세 또는 증여세를 과세 받았거나 신고한 경우로서 그 상속 또는 수증재산의 가액으로 그 대가를 지급한 경우

> **문제풀이 요령** "배우자 간·직계존비속 간"을 keyword르..대가입증, 파산선고,,교환,,경매로 연결되면 **유상취득으로 본다.**

"배우자 간·직계존비속 간"을 keyword로. 대가입증·파산선고·교환·경·공매...단어 없이 <u>다른 단어로 연결되면</u> **증여취득**으로 본다.

> ☑ 배우자 또는 직계존비속으로부터 부동산 등을 부담부증여로 취득 경우는 증여취득으로 본다.

⑷ **상속취득**

⑸ **증여취득**

> **상속개시 후 상속재산에 대하여 등기·등록·명의개서(名義改書) 등에 의하여 각 상속인의 상속분이 확정되어 등기 등이 된 후, 당초 상속분을 초과하여 취득하게 되는 재산가액은 증여받아 취득한 것으로 본다.** 다만, 다음에 해당하는 경우에는 그러하지 아니하다.
> ☑ **상속회복청구권의 소**에 의한 법원의 확정판결에 의하여 상속인 및 상속재산에 변동이 있는 경우
> ⇨ 증여취득으로 보지 아니한다.

> **│ 문제풀이 요령 │** 1. 취득세의 증여취득이나 아니냐의 문장에서 **상속개시 후...당초 상속분 초과하여 취득** ⇨ **증여취득**
> 2. **상속 회복 청구권의 소** ⇨ **증여취득으로 보지 아니한다.**

⑹ **간주 취득** : 재산의 증가가 이루어져 취득으로 보는 경우

> ① 토지지목변경 ⇨ **증가한 경우 증가분 취득**
> 「도시개발법」에 따른 환지방식에 의한 도시개발사업의 시행으로 토지의 지목이 사실상 변경됨으로써 그 가액이 증가한 경우에는 그 환지계획에 따라 공급되는 **환지는 조합원이, 체비지 또는 보류지는 사업시행자가** 각각 **취득한 것으로 본다.**
> ② 개수 ⇨ **증가**한 경우 증가분을 **취득**

문 100선

01 다음은 지방세법 제7조 제3항에 의한 증여취득으로 취득세 표준세율이 35/1,000 적용되는 것은 몇 개인가?

> ㉠ 경매를 통하여 배우자의 부동산을 취득하는 경우
> ㉡ 형제자매인 증여자의 채무를 인수하는 부동산의 부담부증여의 경우 그 채무액에 상당하는 부분의 부동산취득
> ㉢ 상속회복청구의 소에 의한 법원의 확정판결이 의하여 특정 상속인이 당초 상속분을 초과하여 취득하게 되는 재산가액은 상속분이 감소한 상속인으로부터 취득
> ㉣ 권리의 이전이나 행사에 등기 또는 등록이 필요한 부동산을 직계존속과 서로 교환한 경우의 취득
> ㉤ 배우자 또는 직계존비속으로부터의 부동산 등의 부담부증여의 경우
> ㉥ 상속개시 후 상속재산에 대하여 등기·등록·명의개서(名義改書) 등에 의하여 각 상속인의 상속분이 확정되어 등기 등이 된 후, 당초 상승분을 초과하여 취득하게 되는 재산가액

① 1개   ② 2개   ③ 3개
④ 4개   ⑤ 5개

정답 ②

해설 ㉠ 경매를 통하여 배우자의 부동산을 취득하는 경우 ⇨ 유상취득
　　 ㉡ 형제자매인 증여자의 채무를 인수하는 부동산의 부담부증여의 경우 그 채무액에
　　　 상당하는 부분의 부동산취득 ⇨ 유상취득
　　 ㉢ 상속회복청구의 소에 의한 법원의 확정판결에 의하여 특정 상속인이 당초 상속분
　　　 을 초과하여 취득하게 되는 재산가액은 상속분이 감소한 상속인으로부터 취득 ⇨
　　　 증여취득으로 보지 아니한다.
　　 ㉣ 권리의 이전이나 행사에 등기 또는 등록이 필요한 부동산을 직계존속과 서로 교환
　　　 한 경우의 취득 ⇨ 유상취득
　　 ㉤ 배우자 또는 직계존비속으로부터의 부동산 등의 부담부증여의 경우 ⇨ 증여취득으
　　　 로 취득세의 표준세율은 1,000분의 35
　　 ㉥ 상속개시 후 상속재산에 대하여 등기·등록·명의개서(名義改書) 등에 의하여 각
　　　 상속인의 상속분이 확정되어 등기 등이 된 후, 당초 상속분을 초과하여 취득하게
　　　 되는 재산가액 ⇨ 증여취득으로 취득시의 표준세율은 1,000분의 35

02 「지방세법」상 취득세가 부과되지 <u>않는</u> 것은?　　　　　　　제30회 변형
① 대한민국 정부기관의 취득에 대하여 과세하는 외국정부의 취득
② 지방자치단체에의 기부채납을 조건으로 부동산을 취득 등기하는 경우
③ 직계존속으로부터 거주하는 주택을 증여받은 경우
④ 존속기간 1년 초과하지 아니한 법령이 정하는 고급오락장에 해당하는 임시건축물의 취득
⑤ 건축물의 이전으로 인한 취득

정답 ②

해설 ② 국가, 지방자치단체 또는 지방자치단체 조합에 귀속 또는 기부채납을 조건으로 취
　　　 득하는 부동산 및 사회기반시설에 대한 민간투자법에 해당하는 사회기반시설에 대
　　　 해서는 취득세를 부과하지 아니한다.

03 지방세법상 부동산의 유상취득으로 보지 않는 것은?

① 공매를 통하여 배우자의 부동산을 취득한 경우
② 파산선고로 인하여 처분되는 직계비속의 부동산을 취득한 경우
③ 배우자의 부동산을 취득한 경우로서 그 취득대가를 지급한 사실을 증명한 경우
④ 권리의 이전이나 행사에 등기가 필요한 브동산을 직계존속과 서로 교환한 경우
⑤ 증여자의 채무를 인수하는 부담부증여로 취득한 경우로서 그 채무액에 상당하는 부분을 제외한 나머지 부분의 경우

정답 ⑤

해설 ⑤ 증여자의 채무를 인수하는 부담부증여로 취득한 경우로서 그 채무액에 상당하는 부분을 제외한 나머지 부분의 경우는 증여취득이다.

04 부동산의 취득은 「민법」 등 관계 법령에 따른 등기·등록 등을 하지 아니한 경우라도 사실상 취득하면 취득한 것으로 본다. (○, ×)

정답 ○

해설 부동산의 취득은 「민법」 등 관계 법령에 따른 등기·등록 등을 하지 아니한 경우라도 사실상 취득하면 취득한 것으로 본다.

---

(7) 과점주주의 주식 취득

출제빈도 제15회, 제18회, 제20회, 제23회, 제24회, 제26회, 제29회
과점주주의 뜻과 과점주주의 지분율이 변동하였을 때, 과세여부에 대한 문제가 출제되고 있다. 이에 대한 지문은 길게 출제되니, 이해와 더불어 문장의 키워드로 문제푸는 게 요령이다.

① 과점주주란 ⇨ 법인(**상장 제외**)의 발행주식 총액의 50% **초과** 소유

② 법인의 주식 또는 지분을 취득함으로써 과점주주가 되었을 때에는 그 과점주주가 <u>해당 법인의 부동산등</u>(= 취득세 과세대상물)을 <u>취득한 것으로 본다.</u>
　　　　　　　　　　　　　↳ **지분율만큼** 취득

③ 법인 **설립시**에 과점주주인 경우 취득으로 **보지 아니**한다.

④ **지분이 변동되었을 경우 납세의무**

　㉠ 법인의 과점주주가 아닌 주주가 주식 또는 지분을 취득하거나 증자 등으로 **최초로 과점주주가 된 경우**에 주주가 된 날 현재 해당 과점주주가 소유하고 있는 법인의 주식 등을 <u>**모두 취득**</u>한 것으로 보아 취득세를 부과한다.　　　　　최초의 과점주주의 지분율 ↵

ⓛ **이미 과점주주가** 된 주주 또는 유한책임사원이 해당 법인의 주식 등을 취득하여 해당 법인의 주식 등의 총액에 대한 과점주주가 가진 주식 등의 비율이 **증가된 경우**에는 <u>그 증가분을 취득</u>으로 보아 취득세를 부과한다.

다만, 증가된 후의 주식 등의 비율이 해당 **과점주주가** 이전에 가지고 있던 주식 등의 **최고비율보다 증가되지 아니**한 경우에는 취득세를 **부과하지 아니**한다.

   ↳ 총 주식비율의 변동이 없음 의미

ⓒ 과점주주였으나 주식 등의 양도 등으로 과점주주에 해당하지 아니하게 되었다가 해당 법인의 주식 등을 <u>취득하여</u> **다시 과점주주가 된 경우**에는 다시 과점주주가 된 당시의 주식 등의 비율이 그 이전에 과점주주가 된 당시의 주식 등의 비율보다 <u>**증가된 경우에만** 그 증가분만을 취득</u>으로 보아 취득세를 부과한다.

       ↳ 후 과점주주지식비율과 종전 과점주주
        주식비율의 차이난 비율

│ 문제풀이 요령 │ 취득세의 **과점주주**의 지분변동 문제에서 **부과여부** 문제에서

1. ...법인 **설립시** 글자있으면 끝말은 **부과 제외**
2. ..증자...<u>최초로 과점주주가 된 경우</u>...모두 취득으로 부과
3. 이미 <u>과점주주가</u>..증가된 경우 ⇨ 증가분을 취득으로 부과
 단. 증가된 후의 비율이 해당 **과점주주가** 이전에 가지고 있던 주식등의 <u>최고비율보다</u> **증가되지 아니**한 경우에는 취득세를 **부과하지 아니**한다.   ↳ 총 주식비율의 변동 없는 경우
4. ...**다시 과점주주가 된 경우**에는....<u>그 증가분만</u>을 취득으로...부과한다.
     ↳ (= 후 과점주주지분 − 종전 과점주주의 지분의 차이난 비율)

문 100선

01 **지방세법상 과점주주의 간주취득세가 과세되는 경우는 모두 몇 개인가?**   제29회 변형

> ㉠ 비상장법인 설립시에 발행하는 주식을 취득함으로써 과점주주가 된 경우
> ㉡ 과점주주가 아닌 주주가 다른 주주로부터 주식을 취득함으로서 최초로 과점주주가 된 경우
> ㉢ 이미 과점주주가 된 주주가 해당 비상장법인의 주식을 취득하여 해당법인의 주식 총액에 대한 과점주주가 가진 주식의 비율이 증가된 경우
> ㉣ 과점주주 집단 내부에서 주식이 이전되었으나, 과점주주 집단이 소유한 총주식의 비율에 변동이 없는 경우

① 0개   ② 1개   ③ 2개
④ 3개   ⑤ 4개

정답 ③

해설 ㉠ 비상장법인 설립시에 발행하는 주식을 취득함으로써 과점주주가 된 경우 ⇨ 취득으로 보지 아니한다.

㉡ 과점주주가 아닌 주주가 다른 주주르부터 주식을 취득함으로서 최초로 과점주주가 된 경우 ⇨ 최초의 과점주주의 지분비율을 모두 취득으로 보아 부과한다.

㉢ 이미 과점주주가 된 주주가 해당 비상장법인의 주식을 취득하여 해당법인의 주식총액에 대한 과점주주가 가진 주식의 비율이 증가된 경우 ⇨ 증가분을 취득으로 보아 부과한다.

㉣ 과점주주 집단 내부에서 주식이 이전되었으나, 과점주주 집단이 소유한 총주식의 비율에 변동이 없는 경우 ⇨ 종전 과점주주의 비율을 초과하지 아니하여 부과하지 아니한다.

02 거주자 甲의 A비상장법인에 대한 주식보유 현황은 아래와 같다. 2025년 9월 15일 주식 취득시 지방세법상 A법인 보유 자산 중 甲의 취득으로 간주되는 지분비율은?　　제20회 변형

㉠ 2009년 1월 1일 설립시	발행주식 : 1만주	보유주식 수 : 5천주
㉡ 2011년 4월 29일 주식 취득 후	발행주식 : 1만주	보유주식 수 : 6천주
㉢ 2012년 7월 18일 주식 양도 후	발행주식 : 1만주	보유주식 수 : 4천주
㉣ 2025년 9월 15일 주식 취득	발행주식 : 1만주	보유주식 수 : 8천주

① 10%　　　　　　② 80%　　　　　　③ 60%
④ 20%　　　　　　⑤ 50%

정답 ④

해설 ④ 설립시 50%로 과점주주가 아닌 자이다. 2011년에 1천주를 취득하여 과점주주로 60% 부과, 2025년에 80%로 다시 과점주주가 되어 80% − 종전 과점주주 비율 60% = 20%를 부과한다.

⑻ 취득세 납세의무자

취득세 과세대상물의 취득에 있어서는 **등기·등록 등을 이행하지 아니**한 경우라도 사실상으로 취득한 때에는 각각 취득한 것으로 보고 당해 취득물건의 소유자 또는 양수인을 각각 취득자로 한다.

> 사실과세 ⇨ 등기·등록에 관계없이
> 사실과세(＝ 실질과세) ⇨ 등기·등록에 관계없이: 미등기도 과세

> **문제풀이 요령** **등록면허세를 제외**한 나머지 세목에서 **미등기**란 말이 있으면 끝말은 **과세한다**. 또 공부상현황과 **사실상현황이 다르다면** **사실에 따른**다.

> **주의** 재산세에서 재산세의 과세대상 물건을 **공부상 등재현황과 달리 이용** 또는 **허가 등을 받지 않고** 재산세의 과세대상 물건을 이용 또는 **일시적으로 공부상 등재현황과 달리 사용**함으로 **재산세의 세부담이 낮아지는 경우는 공부상 등재현황**에 따라 재산세를 부과한다.

① 건축물 중 조작(造作) **설비**, 그 밖의 부대설비에 속하는 부분으로서 그 주체구조부(主體構造部)와 **하나가 되어** 건축물로서의 효용가치를 이루고 있는 것에 대하여는 주체구조부 취득자 외의 자가 가설한 경우 **주체구조부의 취득자가 함께** 취득한 것으로 본다.

② 토지의 **지목을 사실상 변경**함으로써 그 가액이 증가한 경우에 <u>소유자가 취득</u>한 것으로 본다.

③ 외국인 소유의 취득세 과세대상 물건(차량, 기계장비, 항공기 및 선박만 해당한다)을 직접 사용하거나 국내의 대여시설 이용자에게 대여하기 위하여 임차하여 수입하는 경우 수입하는 자가 취득한 것으로 본다.

④ 상속(유증 및 포괄유증과 신탁재산의 상속을 포함한다)으로 인하여 취득하는 경우에는 상속인 각자가 상속받는 취득물건을 취득한 것으로 본다. 이 경우 상속인은 연대납세의무를 진다.

01 지방세법상 취득세의 납세의무에 관한 설명으로 틀린 것을 모두 고르시오.

① 공간정보의 구축 및 관리 등에 관한 법률에 따른 대(垈) 중 국토의 계획 및 이용에 관한 법률 등 관계 법령에 따른 택지공사가 준공된 토지에 정원 또는 부속시설물 등을 조성·설치하는 경우에는 조성·설치한 택지공사가 취득한 것으로 본다.

② 신탁재산에 대한 실질적인 소유권 변동이 있는 경우로 「신탁법」에 따라 신탁재산의 위탁자 지위의 이전이 있는 경우에는 수탁자가 해당 신탁재산을 취득한 것으로 본다.

③ 주택법에 의한 주택조합과 도시 및 주거환경정비법에 의한 주택재건축조합이 당해 조합원용으로 취득하는 조합주택용 부동산(공동주택과 부대복리시설 및 그 부속토지)은 그 조합원이 취득한 것으로 본다.

④ 상속으로 인하여 취득하는 경우에는 상속인 각자가 상속받는 취득물건을 취득한 것으로 본다. 이 경우 상속인은 연대납세의무를 지운다.

⑤ 건축물 중 조작(造作) 설비, 그 밖의 부대설비에 속하는 부분으로서 그 주체구조부(主體構造部)와 하나가 되어 건축물로서의 효용가치를 이루고 있는 것에 대하여는 주체구조부 취득자 외의 자가 가설한 경우 이를 주체구조부 취득자 외의 자가 함께 취득한 것으로 본다.

⑥ 부동산의 취득은 민법 등 관계 법령에 따른 등기를 하지 아니한 경우라도 사실상 취득하면 취득한 것으로 본다.

정답 ①②⑤

해설 ① 공간정보의 구축 및 관리 등에 관한 법률에 따른 대(垈) 중 국토의 계획 및 이용에 관한 법률 등 관계 법령에 따른 택지공사가 준공된 토지에 정원 또는 부속시설물 등을 조성·설치하는 경우에 토지소유자가 취득한 것으로 본다.

② 신탁재산에 대한 실질적인 소유권 변동이 있는 경우로 「신탁법」에 따라 신탁재산의 위탁자 지위의 이전이 있는 경우에는 새로운 위탁자가 해당 신탁재산을 취득한 것으로 본다.

⑤ 건축물 중 조작(造作) 설비, 그 밖의 부대설비에 속하는 부분으로서 그 주체구조부(主體構造部)와 하나가 되어 건축물로서의 효용가치를 이루고 있는 것에 대하여는 주체구조부 취득자 외의 자가 가설한 경우 이를 주체구조부 취득자가 함께 취득한 것으로 본다.

제3절   취득세 취득시기

> **출제빈도**   제14회, 제15회, 제16회, 제24회, 제28회, 제30회, 제31회, 제32회, 제34회

> **문제풀이 요령**   선 다 ①~⑤에서 마침표 앞에 "취득일로 본다."드는 각 거래의 "취득세의 납세의무 성립일"이면 **"취득세 취득시기" 문제구나 생각하고,** 각 거래마다 그 거래 특성상 취득으로 볼 수 있는 날 중 '**빠른 날**'을 point **로 생각하면 된다.**

> ☑ 하나만 예외 ⇨ 부동산 **점유취득**은 **등기일**이다.

01 취득세 취득시기

1 거래 형태별 취득시기

(1) **유상 승계취득** ⇨ **사실상 잔금지급일**(만약 등기일이 있으면 사실상 잔금지급일과 등기일 중 빠른 날이다)

  ① 사실상 잔금지급일을 확인할 수 없는 경우 ⇨ 계약서상의 잔금지급일(만약 등기일이 있으면 계약상 잔금지급일과 등기일 중 **빠른 날**이다)

  ② 계약서상 잔금지급일이 명시되지 아니한 경우 ⇨ 계약일로부터 60일이 경과되는 날을 계약서상 잔금지급일로 본다(계약서상 잔금지급일을 명시되지 아니한 경우에서 만약 등기일이 있으면 계약일로부터 60일이 경과되는 날과 등기일 중 **빠른 날**이다).

> 다만, 해당 취득물건을 **등기·등록하지 아니하고** 각 화해조서, 인낙조서, 공정증서, 계약해제신고서의 어느 하나에 해당하는 서류에 의하여 취득일부터 60일 이내에 **계약이 해제**된 사실이 입증되는 경우에는 취득한 것으로 보지 아니한다.

> **문제풀이 요령**   취득세의 문제에서 **"계약해제"**란 개별적 문지 key 단어가 문장상에 있으면 "계약해제" 단어 **앞에 등기·등록하지 아니**하고 이 말이 있어야 된다. 그 뒤는 **취득세 신고기한(60일) 내 계약해제 입증**이 나올 때...끝말은 **취득한 것으로 보지 아니한다**.

(2) **연부(年賦) 취득** ⇨ 그 취득가액의 총액이 면세점을 초과하는 것의 연부 취득의 취득시기는 그 <u>사실상의 연부금 지급일</u>(이 경우에는 매회의 연부금을 각각 과세표준으로 하여 취득세를 과세한다)

    ↳ **주의** 연부금 완납일×, 사실상 잔금지급일×

(3) 무상 취득	
	증여취득 ⇨ 계약일(만약 등기일이 있으면 계약일과 등기일 중 빠른 날이다)
	상속취득 ⇨ 상속개시일

⑷ 원시취득

① 건축물을 건축 또는 개수하여 취득하는 경우 ⇨ 사용승인서내주는 날과 사실상의 사용일 중 **빠른 날**

   ㉠ 사용승인서를 내주기 전에 임시사용승인을 받은 경우 ⇨ 임시사용승인일과 사실상사용일 중 **빠른 날**

② 관계 법령에 따라 **매립**·간척 등으로 토지를 원시취득하는 경우	공사**준공**인가일

공사준공인가일 전에 사용승낙·허가를 받거나 사실상 사용하는 경우에는 사용승낙일·허가일 또는 사실상 사용일 중 빠른 날을 취득일

③ 「**주택법**」에 따른 주택조합이 주택건설사업을 하면서 **조합원으로부터 취득하는 토지 중 조합원에게 귀속되지 아니하는 토지를 취득**하는 경우에는 「주택법」에 따른 **사용검사를 받은 날**에 그 토지를 취득한 것으로 본다.

④ 「도시 및 **주거환경정비법**」에 따른 재건축조합이 재건축사업을 하거나 「빈집 및 소규모주택 정비에 관한 특례법」에 따른 소규모재건축조합이 소규모재건축사업을 하면서 **조합원으로부터 취득하는 토지 중 조합원에게 귀속되지 아니하는 토지를 취득**하는 경우에는 「도시 및 주거환경정비법」 또는 「빈집 및 소규모주택 정비에 관한 특례법」에 따른 **소유권이전 고시일**의 **다음 날**에 그 토지를 취득한 것으로 본다.

> **█ 문제풀이 요령 █** 문제가 취득세의 취득시기에서 문장의 첫글자가 「**주택법**」일 때 끝말은 **사용검사받은 날**이다.
> 문장의 첫글자가 「**..주거환경정비법**」일 때 ... 끝말은 **소유권 이전** 고시일 **다음 날**

⑸ 간주취득

토지의 지목변경	사실상 변경된 날과 공부상 변경된 날 중 **빠른 날**. 다만, 토지의 지목**변경일 전에 사용** ⇨ 사실상의 **사용일**

⑹ 기 타

재산 **분할**로 인한 취득	등기일
점유에 의한 취득	

문 100선

01 지방세법상 취득의 시기에 관한 설명으로 **틀린** 것은?

① 상속으로 인한 취득의 경우: 상속개시일
② 공매방법에 의한 취득의 경우: 그 사실상의 잔금지급일과 등기일 또는 등록일 중 **빠른** 날
③ 건축물(주택 아님)을 건축하여 취득하는 경우로서 사용승인서를 내주기 전에 임시사용승인을 받은 경우: 그 임시사용승인일과 사실상의 사용일 중 **빠른** 날
④ 민법 제839조2에 따른 재산분할로 인한 취득의 경우: 취득물건의 등기일 또는 등록일
⑤ 관계 법령에 따라 매립으로 토지를 원시취득하는 경우: 취득물건의 등기일

정답 ⑤

해설 ⑤ 관계 법령에 따라 매립으로 토지를 원시취득하는 경우: 공사준공인가일

02 지방세기본법령 및 지방세법령상 취득세 납세의무의 성립에 관한 설명으로 옳은 것은?

제34회 변형

① 상속으로 인한 취득의 경우에는 상속 등기 등록일이 납세의무의 성립시기이다.
② 부동산의 증여계약으로 인한 취득에 있어서 등기·등록을 이행하고 취득일이 속하는 달의 말일로부터 3개월 이내에 공증받은 공정증서로 계약이 해제된 사실이 입증되는 경우에는 취득한 것으로 보지 않는다.
③ 유상승계취득의 경우 사실상의 잔금지급일을 확인할 수 있는 때에는 사실상의 잔금지급일과 등기일 중 빠른 날이 납세의무의 성립시기이다.
④ 「민법」에 따른 이혼시 재산분할로 인한 부동산 취득의 경우에는 취득세 납세의무가 성립되지 아니한다.
⑤ 「도시 및 주거환경정비법」에 따른 재건축조합이 재건축사업을 하면서 조합원으로부터 취득하는 토지 중 조합원에게 귀속되지 아니하는 토지를 취득하는 경우에는 준공인가고시일의 다음 날이다.

정답 ③

해설 ① 상속으로 인한 취득의 경우에는 상속 개시일이 납세의무의 성립시기이다.
② 부동산의 증여계약으로 인한 취득에 있어서 소유권 등기를 이행하지 아니하고 취득일이 속하는 달의 말일로부터 3개월 이내에 공증받은 공정증서로 계약이 해제된 사실이 입증되는 경우에는 취득한 것으로 보지 않는다.
④ 「민법」에 따른 이혼시 재산분할로 인한 부동산 취득의 경우에는 등기일에 취득세 납세의무가 성립한다.
⑤ 「도시 및 주거환경정비법」에 따른 재건축조합이 재건축사업을 하면서 조합원으로부터 취득하는 토지 중 조합원에게 귀속되지 아니하는 토지를 취득하는 경우에는 소유권 이전 고시일의 다음 날이다.

03 토지의 지목변경에 따른 취득은 토지의 지목이 사실상 변경된 날을 취득일로 본다. (○, ×)

정답 ×

해설 사실상 변경일과 공부상 변경일 중 빠른 날이 취득세 취득시기이다.

04 부동산을 연부로 취득하는 것은 등기일에 관계없이 그 사실상의 잔금지급일을 취득일로 본다. (○, ×)

정답 ×

해설 연부취득의 경우 사실상 연부금 지급일이 취득시기이며, 연부금 지급일전에 등기이면 등기일이 취득일이다.

05 「주택법」 제11조에 따른 주택조합이 주택 건설사업을 하면서 조합원으로부터 취득하는 토지 중 조합원에게 귀속되지 아니하는 토지를 취득하는 경우에는 「주택법」 제49조에 따른 사용검사를 받은 날의 다음 날에 그 토지를 취득한 것으로 본다. (○, ×)

정답 ×

해설 「주택법」 제11조에 따른 주택조합이 주택 건설사업을 하면서 조합원으로부터 취득하는 토지 중 조합원에게 귀속되지 아니하는 토지를 취득하는 경우에는 「주택법」 제49조에 따른 사용검사를 받은 날에 그 토지를 취득한 것으로 본다.

06 개인 간의 증여계약에 의하여 부동산을 취득한 경우에는 그 계약일부터 60일이 경과되는 날을 취득의 시기로 본다. (○, ×)

정답 ×

해설 증여에 의해 취득한 경우 취득세 취득시기는 계약일이다.

07 다음 사례에 의하여 개인이 개인으로부터 부동산을 취득한 때에 취득세의 취득시기는?

> 1. 계약서 내용
>   ㉠ 계약일: 2025년 6월 1일
>   ㉡ 중도금지급일: 2025년 7월 1일
>   ㉢ 잔금지급일: 명시되지 아니함
> 2. 사실내용
>   ㉠ 잔금지급일: 알 수 없음
>   ㉡ 등기·등록일: 2025년 8월 20일

① 2025년 6월 1일　　　② 2025년 7월 30일　　　③ 2025년 7월 1일
④ 2025년 7월 20일　　　⑤ 2025년 8월 20일

정답 ②

해설 사실상 잔금지급일을 알 수 없고 계약서상의 잔금지급일이 명시되지 아니한 경우는 취득시기는 계약일로부터 60일이 경과되는 날이다(계약서상 잔금지급일을 명시되지 아니한 경우에서 만약 등기일이 있으면 계약일로부터 60일이 경과되는 날과 등기일 중 빠른 날이다).

제4절　취득세 과세표준

1 취득세 과세표준

> **출제빈도** 제11회, 제12회, 제14회, 제16회, 제18회, 제20회, 제22회, 제25회, 제26회, 제27회, 제29회, 제31회, 제35회
> 취득세의 과세표준은 절대적으로 출제되는 테마이다. 취득세의 과세표준은 2022년에 개정되어 **2023년 1월**부터 시행되는 내용으로 예전부터 문제가 자주 출제되고 2023년에 개정·시행된 중요한 내용이다. 사실상 취득가액도 중요하다.

(1) 취득세의 과세표준은 <u>취득 당시의 가액</u>으로 한다. 다만, <u>연부(年賦)로 취득하는 경우</u>에는 <u>연부금액</u>(매회 사실상 지급되는 금액을 말하며, 취득금액에 포함되는 계약보증금을 포함한다)으로 한다.

(2) 각 취득 유형별 취득당시 가액

취득의 구분		과세표준
상속에 따른 무상취득		시가표준액
무상취득 (상속 제외)	원 칙	시가**인정액**
	예 외	시가인정액을 산정하기 어려운 경우 : 시가표준액
		취득물건에 대한 시가표준액이 1억원 이하인 부동산의 무상취득(상속 제외) : 시가인정액과 시가표준액 중 **납세자가 정하는 가액**
유상승계취득	사실상 취득가	**특수관계인과의 거래**로 부당행위 계산의 경우 : **지자체장이 시가인정액을 취득당시가액으로 결정할 수 있다.**
		부담부증여로 채무상부담액은 **사실상취득가액**을 적용하고 **나머지부문은 증여취득**으로 **시가인정액에서 채무부담액을 뺀 잔액**에 대해 과세표준 정한다.
원시취득· 건축물 개수	사실상 취득가	법인이 아닌 자가 건축물을 건축하는 경우로서 사실상 취득가를 확인할 수 없는 경우는 시가표준액으로 한다.
대물변제		**대물변제액(추가 지급금액 포함)**. 다만, 대물변제액이 시가인정액을 초과하는 경우는 시가인정액으로 한다.
교 환		교환을 원인으로 이전받는 부동산 등의 시가인정액과 이전하는 부동산 등의 시가**인정액 중 높은 가액**
토지지목 변경		변경으로 증가한 가액에 해당하는 **사실상 취득가액** **사실상 취득가액을 알 수 없을 때 변경 후 시가표준액에서 변경 전 시가표준액을 뺀 가액**으로 한다.

① 사실상 취득가액

> ㉠ 뜻 : 취득가격은 **취득시기를 기준으로 그 이전에** 해당 물건을 취득하기 위하여 거래 상대방에게 지급한 직접비용과 다음 간접비용의 합계액을 말한다(**취득하기 위해** <u>실제로 돈 준 금액으로 생각</u>).
> ☑ 분양가 > 실제 지출금액 ⇨ 실제 지출금액, 분양가 < 실제 지출금액 ⇨ 실제 지출금액

> ㉡ 다음 비용은 취득가격에 **포함하지 아니함**
> ⓐ 취득하는 물건의 판매를 위한 **광고선전비** 등의 판매비용과 그와 관련한 부대비용
> ⓑ **전기·가스 등을 이용**하는 자가 분담비용
> ⓒ **이주비**, 지장물 보상금 등 취득물건과는 별개의 권리에 관한 보상 성격으로 지급 비용
> ⓓ **부가가치세**

> ㉢ 취득대금을 **일시급** 등으로 지급하여 일정액을 할인받은 경우에는 **그 할인된 금액**으로 한다.
> ☑ 할인**받은 금액**은 포함되지 아니한다.

ㄹ 건설자금에 충당한 차입금의 **이자** 또는 이와 유사한 금융비용. 단, 법인이 아닌 자는 제외

ㅁ

구분	취득세(취득가액)	
	개인 취득자	법인 취득자
할부이자 · 연부이자 연체료 · 중개보수	**불포함**	포함

ㅂ 농지보전부담금(= 농지 전용부담금)

ㅅ 취득에 필요한 용역을 제공받은 대가로 지급하는 **용역비 · 수수료(이는 측량수수료 의미)**

ㅇ **취득대금 외에 당사자의 약정에 따른 취득자 조건 부담액과 채무인수액**

ㅈ 부동산을 취득하는 경우 매입한 국민**주택**채권을 해당 부동산의 취득 이전에 양도함으로써 발생하는 **매각차손**

ㅊ 붙박이 가구 · 가전제품 등 건축물에 부착되거나 일체를 이루면서 건축물의 효용을 유지 또는 증대시키기 위한 설비 · 시설 등의 설치 비용

문 100선

01 지방세법상 사실상의 취득가격 또는 연부금액을 취득세 과세표준으로 하는 경우 사실상 취득가액에 포함한 것은? (특수관계인과의 거래가 아니며, 비용은 취득시기 이전에 지급되었음)

제27회 변형

① 전기사업법에 따라 전기를 사용하는 자가분담하는 비용
② 법인이 아닌자의 건설자금에 충당한 차입금의 이자
③ 신축 건물의 분양을 위한 선전광고비(신문, TV, 잡지 등 분양광고비)
④ 취득에 필요한 용역을 제공받은 대가로 지급하는 용역비
⑤ 부가가치세

정답 ④

해설 ④ 사실상 취득가액에 포함되는 것은 취득에 필요한 용역을 제공받은 대가로 지급하는 용역비이다.

02 甲은 특수관계없는 乙로부터 다음과 같은 내용으로 주택을 취득하였다. 취득세 과세표준 금액으로 옳은 것은? 제29회

> • 아래의 계약내용은 「부동산 거래신고 등에 관한 법률」 제3조에 따른 신고서를 제출하여 같은 법 제5조에 따라 검증이 이루어짐
> • 계약내용
> – 총매매대금 500,000,000원
>   2025년 7월 2일 계약금 50,000,000원
>   2025년 8월 2일 중도금 150,000,000원
>   2025년 9월 2일 잔 금 300,000,000원
> • 甲이 주택취득과 관련 비용
> – 총매매대금 외에 당사자약정에 의하여 乙의 은행채무를 甲이 대신 변제한 금액 10,000,000원
> – 법령에 따라 매입한 국민 주택채권을 해당 주택의 취득 이전에 금융회사에 양도함으로써 발생한 매각 차손 1,000,000원

① 500,000,000원 ② 501,000,000원 ③ 509,000,000원
④ 510,000,000원 ⑤ 511,000,000원

정답 ⑤

해설 매매대금 5억원＋乙의 은행채무를 甲이 대신 변제한 금액 10,000,000원 ＋ 국민 주택채권을 해당 주택의 취득 이전에 금융회사에 양도함으로써 발생한 매각 차손 1,000,000원 ＝ 511,000,000원

03 개인이 국가로부터 유상 취득하기 위하여 취득시기 이전에 지급하였던 금액으로 부동산의 취득세 과세표준을 사실상의 취득가격으로 하는 경우 이에 포함될 수 있는 항목을 모두 고르면? 제22회 변형

> ㉠ 취득대금을 일시급으로 지불하여 일정액을 할인받은 경우 그 할인받은 금액
> ㉡ 「공인중개사법」에 따른 공인중개사에게 지급한 중개보수
> ㉢ 연불조건부 계약에 따른 이자상당액 및 연체료
> ㉣ 취득대금 외에 당사자 약정에 의한 취득자 채무인수액

① 0개 ② 1개 ③ 2개
④ 3개 ⑤ 4개

정답 ②(㉣)

해설 ㉠ 취득대금을 일시급으로 지불하여 일정액을 할인받은 경우 그 할인받은 금액은 사실상 취득가액에 포함되지 아니한다. 사실상 취득가액은 할인된 금액이다.
㉡㉢은 법인이 아닌 자의 취득의 경우 포함되지 아니한다.

04 **지방세법령상 취득세의 취득당시가액에 관한 설명으로 옳은 것은?** (단, 주어진 조건 외에는 고려하지 않음)
제35회

① 건축물을 교환으로 취득하는 경우에는 교환으로 이전받는 건축물의 시가표준액과 이전하는 건축물의 시가표준액 중 낮은 가액을 취득당시가액으로 한다.

② 상속에 따른 건축물 무상취득의 경우에는 「지방세법」 제4조에 따른 시가표준액을 취득당시가액으로 한다.

③ 대물변제에 따른 건축물 취득의 경우에는 귀물변제액(대물변제액 외에 추가로 지급한 금액이 있는 경우에는 그 금액을 제외한다)을 취득당시가액으로 한다.

④ 법인이 아닌 자가 건축물을 건축하여 취득하는 경우로서 사실상취득가격을 확인할 수 없는 경우에는 시가인정액을 취득당시가액으로 한다.

⑤ 법인이 아닌 자가 건축물을 매매로 승계취득하는 경우에는 그 건축물을 취득하기 위하여 「공인중개사법」에 따른 공인중개사에게 지급한 중개보수를 취득당시가액에 포함한다.

정답 ②

해설 ① 건축물을 교환으로 취득하는 경우에는 교환으로 이전받는 건축물의 시가인정액과 이전하는 건축물의 시가인정액 중 높은 가액

③ 대물변제에 따른 건축물 취득의 경우에는 대물변제액(대물변제액 외에 추가로 지급한 금액이 있는 경우에는 그 금액을 포함한다), 사실상취득가격을 확인할 수 없는 경우에는 시가표준액

⑤ 법인이 아닌 자 취득의 중개보수는 사실상 취득가액에 불포함한다.

제5절 | 취득세의 세율

취득세의 세율은 차등비례세율로 1.표준세율 2.세율의 특례 3.중과세율로 구성되어 있다. 시험은 표준세율이 자주 보이고, 문제가 어려운 년도에 세율의 특례가 나온다는 것을 알고 공부의 범위를 정하면 된다. 시험범위 내 지방세의 공통인 탄력세율도 정리해야 한다.

1 취득세의 표준세율 (제16회, 제17회, 제18회, 제23회, 제24회, 제26회, 제27회, 제30회, 제35회)

① 상속취득	농지(논·밭·과수원·목장)		23/1,000
	농지 이외(임야, 나대지, 상가, 주택)		28/1,000

② 유 상	농지		30/1,000
	농지 외(임야, 나대지, 상가 건물)		40/1,000
	주택(무주택자)	6억원	10/1,000
		6억원 초과 ~ 9억원	[(취득가 × 2/3억원) − 3] × 100
		9억원 초과	30/1,000

③ 원시취득	공유수면매립	28/1,000
	신 축	
	증축·개수 : 면적증가	

④ 증여취득	일반	35/1,000
	비영리사업자(학교, 사회복지사업)	28/1,000

⑤ 공유·합유·총유물의 **분할** ⇨ 23/1,000

⑥ 법인이 합병 또는 분할에 따라 농지취득 ⇨ 30/1,000

⑦ 법인이 합병 또는 분할에 따라 농지 외 취득 ⇨ 40/1,000

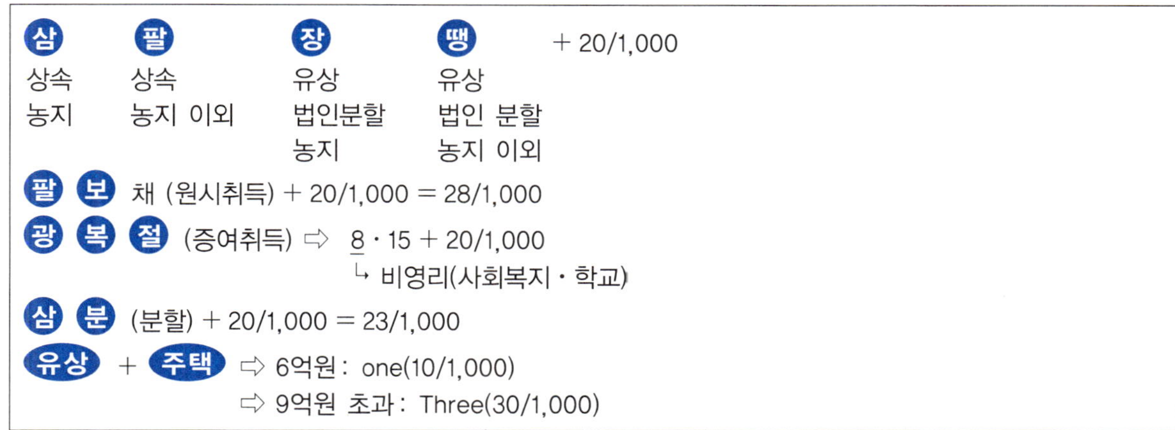

지방자치단체 장은 조례에 의하여 취득세의 세율을 **표준세율의 100분의 50 범위 안에서 가감 조정할 수** 있다. 탄력세율 적용시는 **해당년도에 한**한다(중과세율은 탄력세율이 적용 불).

문 100선

01 지방세법령상 부동산 취득에 대한 취득세의 표준세율로 옳은 것을 모두 고르면? (단, 조례에 의한 세율조정, 지방세관계법령상 특례 및 감면은 그려하지 않음) 제35회 변형

> ㉠ 상속으로 인한 농지의 취득 : 1천분의 23
> ㉡ 법인의 합병으로 인한 농지 외의 토지 취득 : 1천분의 40
> ㉢ 공유물의 분할로 인한 취득 : 1천분의 17
> ㉣ 매매로 인한 농지 외의 토지 취득 : 1천분의 19
> ㉤ 공유수면 매립에 의한 토지 취득 : 1천분의 28

① ㉠, ㉡, ㉤   ② ㉢, ㉣   ③ ㉠, ㉡
④ ㉠, ㉢   ⑤ ㉡, ㉤

정답 ①

해설 ㉢ 공유물의 분할로 인한 취득 : 1천분의 28
㉣ 매매로 인한 농지 외의 토지 취득 : 1천분의 40

02 「지방세법」상 부동산 취득시 취득세 과세표준에 적용되는 표준세율로 틀린 것은 모두 몇 개인가? 제23회, 제26회, 제27회 변형

> ㉠ 상속으로 인한 농지취득 : 1천분의 23
> ㉡ 합유물 및 총유물의 분할로 인한 취득 : 1천분의 23
> ㉢ 원시취득 : 1천분의 28
> ㉣ 법령으로 정한 비영리사업자의 상속 외의 무상취득 : 1천분의 28
> ㉤ 매매에 의한 농지 이외(주택 제외)의 취득 : 1천분의 40
> ㉥ 증여에 의한 주택의 취득(취득가액 6억원) : 1천분의 10

정답 1개(㉥)

해설 ㉥ 증여에 의한 주택의 취득(취득가액 6억원) : 1천분의 35

03 지방세법상 취득세의 표준세율이 가장 높은 것은? 제30회

① 상속으로 건물(주택 아님)을 취득한 경우
② 사회복지사업법에 따라 설립된 사회복지 법인여 독지가의 기부에 의하여 건물을 취득한 경우
③ 영리법인이 공유수면을 매립하여 농지를 추득한 경우
④ 유상거래를 원인으로 지방세법 제10조에 따른 취득 당시의 가액이 6억원인 주택
⑤ 유상거래를 원인으로 농지를 취득한 경우

정답 ⑤

해설 ⑤ 유상거래를 원인으로 농지를 취득한 경우 ⇨ 1,000분의 30

① 상속으로 건물(주택 아님)을 취득한 경우 ⇨ 1,000분의 28

② 사회복지사업법에 따라 설립된 사회복지 법인이 독지가의 기부에 의하여 건물을 취득한 경우 ⇨ 1,000분의 28

③ 영리법인이 공유수면을 매립하여 농지를 취득한 경우 ⇨ 1,000분의 28

④ 유상거래를 원인으로 지방세법 제10조에 따른 취득 당시의 가액이 6억원인 주택 ⇨ 1,000분의 10

04 농지를 상속취득한 경우의 취득세 표준세율은 증여로 농지를 취득 경우의 취득세 표준세율과 동일하다. (○, ×)

정답 ×

해설 농지를 상속취득한 경우의 표준세율은 1,000분의 23, 증여로 농지를 취득 경우의 취득세 표준세율은 1,000분의 35이다.

05 건축물을 신축한 경우의 취득세의 표준세율과 비영리사업자가 증여 원인으로 상가 건축물을 취득한 경우 취득세의 표준세율은 동일하다. (○, ×)

정답 ○

해설 건축물을 신축한 경우의 취득세의 표준세율은 1,000분의 28, 비영리사업자가 증여 원인으로 상가 건축물을 취득한 경우 취득세의 표준세율은 1,000분의 28이다.

06 법인이 유상의 원인으로 농지를 취득한 경우의 취득세 표준세율과 법인의 합병으로 인한 농지를 취득한 경우의 취득세표준세율은 동일하다. (○, ×)

정답 ○

해설 법인이 유상의 원인으로 농지를 취득한 경우의 취득세 표준세율은 1,000분의 30, 법인의 합병으로 인한 농지를 취득한 경우의 취득세표준세율은 1,000분의 30이다.

2 취득세 세율의 특례(제22회, 제24회, 제26회, 제28회)

> **│ 문제풀이 요령 │** 취득세의 세율의 특례의 문제에는 **"중과기준세율"**이란 **단어가 주어진다. 중과기준세율**이란
> 단어를 보고 "세율의 특례"문제구나 하고, 선다 ①②③④⑤를 보고 ⇨ <u>재산의 증가가 없으면</u> 표준세율에서
> 1,000분의 20(중과기준세율)을 빼고, ⇨ <u>재산의 증가만</u> 나타나면 **1,000분의 20(중과기준세율)**을 적용하면 된다.

(1) 표준세율에서 중과기준세율(1,000분의 20)을 뺀 세율로 하는 경우

① **환매**등기를 병행하는 부동산의 매매로서 환매기간 내에 매도자가 환매한 경우의 그 매도자와 매수자
  의 취득
② 건축물의 **이전**으로 인한 취득
③ 「민법」 제834조, 제839조의2 및 제840조에 따른 재산**분할**로 인한 취득
  주의 등기부상 본인 지분을 초과 경우는 유상에 의한 **표**준세율
④ **상**속으로 인한 1가구 **1 주**택의 취득
⑤ **상**속으로 인한 **취**득세의 감면되는 농지 취득

(2) 중과기준세율(1,000분의 20)을 적용되는 경우

① **개수로 인한 취득**
  주의 개수로 인하여 **면적이 증가한** 경우는 증축으로 **원시취득의 표준세율**
② 토지 **지목변경**으로 토지가액의 **증가**
③ 과점주주의 **주식취득**
④ **무덤**과 이에 접속된 부속시설물의 부지로 사용되는 토지로서 지적공부상 **지목이 묘지인 토지의 취득**
  지적공부상 지목이 묘지인 토지의 취득
⑤ 존속기간이 **1년을 초과**하는 **임시건**축물의 취득

문 100선

01 「지방세법」상 취득세 표준세율에서 중과기준세율을 뺀 세율로 산출한 금액을 그 세액으로 하는 것으로만 모두 묶은 것은? (단, 취득물건은 「지방세법」 제11조 제1항 제8호에 따른 주택 외의 부동산이며 취득세 중과대상이 아님)

> ㉠ 환매등기를 병행하는 부동산의 매매로서 환매기간 내에 매도자가 환매한 경우의 그 매도자와 매수자의 취득
> ㉡ 존속기간이 1년을 초과하지 아니한 임시건축물의 취득
> ㉢ 「민법」 제839조의2에 따라 이혼시 재산분할로 인한 취득
> ㉣ 등기부등본상의 본인 지분을 초과하지 않는 공유물의 분할로 인한 취득

① ㉠, ㉡　　　　　　② ㉡, ㉣　　　　　　③ ㉢, ㉣
④ ㉠, ㉡, ㉢　　　　⑤ ㉠, ㉢, ㉣

정답 ⑤

해설 ㉡ 존속기간이 1년을 초과하지 아니한 임시건축물의 취득은 중과기준세율(1,000분의 20)이 적용되는 경우이다.

02 「지방세법」상 취득세액을 계산할 때 중과기준세율만을 적용하는 경우를 모두 묶은 것으로 옳은 것은?

> ㉠ 개수로 인하여 건축물 면적이 증가하는 경우 그 증가된 부분
> ㉡ 토지의 지목을 사실상 변경함으로써 가액이 증가한 경우
> ㉢ 법인설립 후 유상증자시에 주식을 취득하여 최초로 과점 주주가 된 경우
> ㉣ 상속으로 농지를 취득한 경우

① ㉡, ㉢　　　　　　② ㉠, ㉡　　　　　　③ ㉢, ㉣
④ ㉠, ㉣　　　　　　⑤ ㉠, ㉢

정답 ①

해설 ㉡ 토지의 지목을 사실상 변경함으로써 가액이 증가한 경우 ⇨ 중과기준세율(1,000분의 20)
㉢ 법인설립 후 유상증자시에 주식을 취득하여 최초로 과점 주주가 된 경우 ⇨ 중과기준세율(1,000분의 20)
㉠ 개수로 인하여 건축물 면적이 증가하는 경우 그 증가된 부분 ⇨ 1,000분의 28
㉣ 상속으로 농지를 취득한 경우 ⇨ 1,000분의 23

③ 취득세의 중과세율

(1) 사치성재산의 중과

① **사치성재산**(고급주택·고급오락장·고급선박·골프장)

표준세율(부동산 취득세율)에 **중과기준세율의 100분의 400을 합한 세율** ⇨ 부동산 표준세율+8%

㉠ 고급주택, 고급오락장에 부속된 **토지의 경계가 명확하지 아니할** 때에는 그 건축물 **바닥면적의 10배** 토지를 그 부속토지로 본다.

㉡ 고급선박 ⇨ 비업무용 **자가용** 선박으로서 시가표준객 3억원을 초과

㉢ 골프장 ⇨ **회원제 골프장용 부동산 중 구분등록의 대상**이 되는 토지와 건축물 및 그 토지상의 입목

(2) **과밀억제권역 내 취득의 중과**(①②의 어느 하나에 해당하는 경우)

> 과밀억제권역 내의 중과세율은 표준세율에 중과기준세율(1,000분의 20)의 100분의 200을 합한 세율을 적용한다. ⇨ 표준세율 + 4%

① **과밀억제권역**(산업단지·유치지역 및 공업지역은 제외한다)에서 공장을 신설하거나 증설하기 위하여 사업용 과세물건을 취득하는 경우

② **과밀억제권역에서 본점이나 주사무소의 사업용 부동산**(신축하거나 증축하는 경우)을 취득하는 경우

> ☑ **과밀억제권역 내에서 중과하지 아니한 경우**
> 1. **과밀억제권역 내 공장, 본점의 포괄적 승계취득**
> 2. **과밀억제권역 내 지점 신설·증설** 업종변경

(3) **대도시 내의 중과세율**

> 대도시 내의 중과세율은 표준세율의 100분의 300에서 중과기준세율(1,000분의 20)의 100분의 200을 뺀 세율을 적용한다. ⇨ (표준세율×3)−4%

> **┃ 문제풀이 요령 ┃** 취득세의 문제에서 "대도시"라는 단어가 있으면 이를 **개별적 문제의 key**로 잡고, 문장에서 '**사택**''**중과 제외 업종(은행업·유통업·의료업·전기통신업)**' 단어가 있으면 끝말은 **중과 제외**한다....**없으면** 끝말은 **중과**한다.

(4) **법인의 유상 주택 취득 또는 다주택자의 유상 주택 취득의 중과**

법인의 유상 원인으로 주택 취득	유상 농지 이외의 표준세율에 중과기준세율의 100분의 400을 합한 세율을 적용 ⇨ 12%
1세대 3주택 이상에 해당하는 주택으로서 "조정대상지역"에 있는 주택을 유상 취득하는 경우	유상 농지 이외의 표준세율에 중과기준세율의 100분의 400을 합한 세율을 적용 ⇨ 12%
1세대 4주택 이상에 해당하는 주택으로서 조정대상지역 **외**의 지역에 있는 주택을 취득하는 경우	

"조정대상지역" 시가표준액 3억원 이상 주택을 무상취득(＝증여취득) 경우	유상 농지 이외의 세율을 표준세율(1,000분의 40)에 중과기준세율의 100분의 400을 합한 세율 ⇨ 12%
1세대 2주택에 해당하는(대통령령으로 정하는 일시적 2주택은 제외)에 해당하는 주택으로서 "조정대상지역"에 있는 주택을 유상 취득하는 경우	유상 농지 이외의 세율을 표준세율로 하여 표준세율(1,000분의 40)에 중과기준세율의 100분의 200을 합한 세율을 적용한다. ⇨ 8%
1세대 3주택에 해당하는 주택으로서 조정대상지역 **외**의 지역에 있는 주택을 유상 취득하는 경우	

☑ **주택 수의 판단**

1. 「신탁법」에 따라 **신탁된 주택은 위탁자의 주택 수에 가산**한다.
2. "**조합원입주권**"은 소유자의 주택 수에 가산한다.
3. "**주택분양권**"은 소유한 자의 주택 수에 가산한다.
4. 입주권과 분양권은 **취득세 과세**하지않고, 주택 수에만 가산한다.
5. 재산세의 주택으로 과세하는 오피스텔은 해당 오피스텔을 소유한 자의 주택 수에 가산한다.

등록면허세

등록면허세는 해년마다 1문제~2문제가 출제되는 부분으로 납세의무자, 과세표준에 대해 중점 학습을 요한다.

01 등 록

① "등록"이란 재산권과 그 밖의 권리의 설정 · 변경 또는 소멸에 관한 사항을 공부에 등기하거나 등록하는 것을 말한다.

> **문제풀이 요령** 등록면허세의 등록이란 **등기부 을구**에 **잉크를 묻힌 경우** 과세 라고 알고있으면 서류상인 형식주의 또는 명의자과세원칙임을 알 수 있다.

② 다만, 취득세에 따른 취득을 원인으로 이루어지는 등기 또는 등록은 제외하되, 다음의 ㉠~㉣어느하나에 해당하는 등기나 등록은 포함한다
　㉠ **광**업권 및 **어**업권 · 양식업권의 취득에 따른 등기 또는 등록
　㉡ **외국인** 소유의 취득세 과세대상 물건의 연부 취득에 따른 등기 또는 등록
　㉢ 취득세 부과**제척기간이 경과**한 물건의 등기 또는 등록
　㉣ 취득가액이 **50만원 이하**에 물건의 등기 또는 등록

> **문제풀이 요령** 등록면허세의 문제에서 **광..어..양식, 외국인 소유,,제척기간만료...취득가액이 50만원 이하** 있으면.. 이 취득은 등록면허세 과세 "광..어.., 외국인 소유,,제척.. 취득가액 50만원 이하" 없는 취득에 따른 등기는 등록면허세 과세하지 않는다.

③ 등기 · 등록의 원인이 무효 또는 취소되어 그 등기 · 등톡이 말소되는 경우에는 이미 성립된 납세의무에는 아무런 영향을 미치지 않는다.

02 등록면허세의 부과 · 징수

1 등록면허세 납세의무 성립

공부상 **등기 · 등록을 하는 때**에 납세의무가 **성립**된다.

2 등록면허세 납세의무 확정

등록에 대한 등록면허세는 지방세로서 도 · 구에 해당되는 세목으로 납세의무자가 과세표준과 세액을 지방자치단체에 **신고**하는 때에 **확정**된다.

③ 등록면허세 부과 · 징수 방법

(1) 원칙 : 신고납부

① **등록**을 하려는 자는 과세표준에 세율을 적용하여 산출한 세액을 **등록을 하기 전까지** 납세지를 관할하는 지방자치단체의 장에게 **신고하고 납부**하여야 한다.

② 등록면허세 과세물건을 **등록한 후에** 해당 과세물건이 **중과세 세율의 적용대상**이 되었을 때에는 중과세대상된 날부터 **60일 이내에** 중과세 세율을 적용하여 산출한 세액에서 이미 납부한 세액(**가산세는 제외**한다)을 공제한 금액을 세액으로 하여 납세지를 관할하는 지방자치단체의 장에게 **신고하고 납부**하여야 한다.

③ 등록면허세를 비과세, 과세면제 또는 **경감받은 후에** 해당 과세물건이 등록면허세 **부과대상 또는 추징대상**이 되었을 때에는 ①에도 불구하고 그 사유 발생일부터 **60일 이내**에 해당 과세표준에 세율을 적용하여 산출한 세액(**가산세는 제외**)을 납세지를 관할하는 지방자치단체의 장에게 **신고하고 납부**하여야 한다.

> ④ ①부터 ③까지의 규정에 따른 **신고의무를 다하지 아니한 경우에도 등록면허세 산출세액을 등록을 하기 전까지 납부하였을 때에는** ①부터 ③까지의 규정에 따라 **신고를 하고 납부한 것**으로 본다. 이 경우 무신고 불성실에 따른 가산세를 부과하지 아니한다.

> **│문제풀이 요령│** 등록면허세의 문제의 문장에 **"등록하기 전까지 납부"** 이란 말이 있으면 개별적 **문제의 key**로 잡고 point는 **"무신고 가산세 부과하지 아니**한다."이다.

> ⑤ **채권자 대위자는** 납세의무자를 대위하여 부동산 등기에 대한 등록면허세를 **신고 · 납부할 수** 있다. 지방자치단체장은 채권자 대위자의 신고 · 납부가 있는 경우 납세의무자에게 그 사실을 즉시 통보해야 한다.

03 등록면허세 납세의무자

> **│문제풀이 요령│** 문장을 보면서 **누가 기록된 가를** 살펴보고 **그 기록된 자가** 등록면허세 **납세의무자이다.**
> 1. …○○권…… ⇨ ○○권자
> 2. …○○권 **말소**…설정자인 **소유자**
> 3. …**채권자 대위**…⇨ **소유자**
> 채권자 대위자는 소유자를 대신하여 신고납부할 수 있다. 지자체장은 그 사실을 납세의무자에게 즉시 통보한다.

① 甲소유의 미등기 건물에 대해 乙이 채권확보를 위해 법원의 판결에 의한 소유권이전등기를 甲의 명의로 등기할 경우의 등록면허세의 납세의무는 甲에게 있다.

② 법원의 가압류결정에 의한 가압류등기의 촉탁에 의하여 그 전제로 소유권 보존등기가 선행된 경우 등록면허세 미납부에 대한 가산세의 납세의무자는 소유권보존등기자이다.

③ 지방자치단체로 소유권이 이전되는 경우에 있어 그 전제가 되는 전세권, 가등기, 압류등기 등의 해제는 물론 성명의 복구나 소유권의 보존 등 **일체의 채권자대위적 등기**에 대하여는 그 소유자가 등록면허세를 **납부하여야 한다.**

04 납세지

> **출제경향** 세법 시험에서 "납세지" 단일 문제로 출제된 적은 없으나, 부동산 관련 각 세목 문제별 오지선다로 출제되고 있다.

> **문제풀이 요령** 문장에서 ...는 앞에 **"납세지,"** 마침표 앞에서 **"납세지"란** 단어가 나오면 **"납세지 문제구나"**라고 생각하고, 문장의 포인트를 잡는다. 포인트는 **지방세냐? 국세냐?**다.

(1) 지방세의 납세지

① **지방세**: 취득세 · 등록면허세 · 재산세 · 지역자원시설세

② **지방세**의 납세지 ⇨ **소재지**

취득세	납세지가 불분명	취득물건소재지
등록면허세		등록관청소재지

취득세	2 이상 지자체에 걸쳐	소재지별 시가표준액 비율로 배분
등록면허세		등록관청소재지

등록면허세
같은 채권의 담보를 위하여 설정하는 둘 이상의 저당권을 등록하는 경우에는 이를 하나의 등록으로 보아 그 등록에 관계되는 재산을 처음 등록하는 등록관청 소재지를 납세지로 한다.

(2) **국세**: 소득세 · 종합부동산세

거주자	**주소지** 관할 세무서	
비거주자	국내 사업장 소재지 관할 세무서	
	국내사업장이 불분명	토지 · 주택소재지
		국내소득소재지

> **양도소득세 납세의무**
> 1. ...**거주자는 국내 · 국외 모든 소득에 대해 양도소득 납세의무 있다. 국외** 소득에 소득에 대해 납세의무 있는 거주자는 ..국내 **5년 이상주소를 둔 경우 양도소득 납세의무 있다.**
> 2. ...**비거주자.**..국내 소득 **만** ...양도소득 납세의무가 있다.

05 등록면허세의 비과세

① 국가, 지방자치단체의 자기를 위한 등기·등록 ⇨ 비과세

> **지방세법 기본통칙 26-1 【국가 등에 관한 비과세】**
> 1. 지방세의 체납으로 인하여 압류의 등기 또는 등록을 한 재산에 대하여 압류해제의 등기 또는 등록 등을 할 경우에는 등록면허세가 비과세이다.
> 2. 국가와 지방자치단체가 공익사업을 위한 토지 등의 취득 및 보상에 관한 법률에 따라 공공사업(도로 신설 및 도로확장 등)에 필요한 토지를 수용하여 공공용지에 편입하기 위해 행하는 분필등기, 공유물 분할등기는 국가와 지방자치단체가 자기를 위하여 하는 등기에 해당하므로 등록면허세가 비과세이다.

☑ 외국정부는 상호 면세주의에 의한다.

② 채무자 회생 및 파산에 관한 법률에 따라 파산선고한 경우의 **법원의 촉탁**으로 인한 등기 ⇨ 비과세

③ 행정구역의 변경, 주민등록번호의 변경, 지적(地籍) 소관청의 지번 변경,.. **담당 공무원의 착오**로 인한 **경정**등기 ⇨ 비과세

④ 지목이 묘지인 토지 등 무덤과 이에 접속된 부속시설물의 부지로 사용되는 토지로서 지적공부상 지목이 묘지인 토지에 관한 등기 ⇨ 비과세

06 등록에 대한 등록면허세의 과세표준

등록 당시의 가액으로 한다. 이는 등록자의 신고에 따른다.
① 신고가 없거나 신고가액이 시가표준액보다 적은 경우는 그 등록당시의 시가표준액에 의한다.

② 등록면허세 과세되는 '광..어..양식, **외국인 소유,, 취득가액이 50만원 이하**'의 등록면허세 과세표준은 취득세의 **취득당시가액**에 따른다. ..**제척기간의 만료**는 등록당시 가액과 취득당시 가액 중 **높은 가액**으로 한다.

③ 자산**재평가** 또는 **감가상각**으로 가액이 달라진 경우... **변경된 가액**을 과세표준액으로 한다.

④ **말소등기·지목변경등기**, 표시변경등기, 건축물 구조변경등기 등은 **매 1건을 과세표준**으로 하여 **6천원을 적용**한다.

⑤ 주택의 토지와 건축물을 한꺼번에 평가하여 토지나 건축물에 대한 과세표준이 구분되지 아니하는 경우에는 한꺼번에 평가한 개별주택가격을 토지나 건축물의 가액비율로 나눈 금액을 각각 토지와 건축물의 과세표준으로 한다.

07 각 등기등록의 경우 과세표준과 세율, 중과세율

① 각 등기등록의 경우 과세표준과 세율

> ㉠ 소유권**보존**등기 ⇨ 부동산 가액의 1,000분의 8
> ㉡ **상속**의 등기 ⇨ 부동산 가액의 1,000분의 8
> ㉢ **유상**의 등기 ⇨ 부동산 가액의 1,000분의 20
> ㉣ **증여** 등기 ⇨ 부동산 가액의 1,000분의 15

지상권	부동산가액의 1천분의 2	전서권	전세금액의 1천분의 2
가처분, 가압류, 저당권, 경매신청		**채권듬액의 1천분의 2.** 단, 채권금액을 알 수 없는 경우 **처분 제한 목적이 된 금액**	
지역권	요역지가액의 1천분의 2	**임차권**	**월임대차금액의 1천분의 2**(월세로 생각)
가등기	채권금액 또는 부동산가액의 1천분의 2		

주의 유상 + 주택을 취득 ⇨ 해당 주택의 취득세율에 100분의 50을 곱한 세율을 적용한다.

② 등록에 대한 등록면허세에서의 중과세율

> ㉠ **대도시 내**의 경우는 표준세율의 **100분의 300**으로 흔다.
> ㉡ 중과세 제외 ⇨ 대도시 중과 제외 업종(**은행**, 유통, 의료, 전기)은 **중과 제외**한다.
>   ↳ 도시형업종(어떤 도시든지 꼭 있어야 할 업종은 중과 **제외**한다)

문100선

01 등록면허세에 대한 다음 설명 중 옳지 않은 것은 몇 개인가?

> ㉠ 지방세의 체납으로 그 소유권이 지방자치단체 덕의로 이전되는 경우에 채권자 대위등기에 의한 등기에 대해서는 비과세한다.
> ㉡ 甲의 부동산을 은행에 담보로 제공하고 저당권철정등기를 하는 경우 저당권설정등기에 대한 납세의무자는 은행이다.
> ㉢ 타인의 토지에 지상권 설정등기를 할 경우 등록권허세의 납세의무자는 그 토지의 소유자이다.
> ㉣ 부동산의 가압류 설정등기의 과세준은 부동산가액의 1,000분의 2이다.
> ㉤ 부동산의 저당권말소등기시 과세표준은 채권듬액의 1,000분의 2이다.

① 1개   ② 2개   ③ 3개
④ 4개   ⑤ 5개

정답 ④

해설 ㉠ 지방세의 체납으로 그 소유권이 지방자치단체 명의로 이전되는 경우에 채권자 대위등기에 의한 등기에 대해서는 소유자에게 등록면허세를 부과한다.
ㄷ 타인의 토지에 지상권 설정등기를 할 경우 등록면허세의 납세의무자는 지상권자이다.
ㄹ 부동산의 가압류 설정등기의 과세표준은 채권금액의 1,000분의 2이다.
ㅁ 부동산의 저당권말소등기시 과세표준은 건당이다.

02 부동산등기의 등록면허세 납세의무자가 신고를 하지 아니 한 경우에도 산출세액을 등기하기 전까지 납부한 때에는 신고불성실가산세를 징수하지 아니한다. (○, ×)

정답 ○

03 부동산등기에 대한 등록면허세의 납세지는 부동산 소재지이나 그 납세지가 분명하지 아니한 경우에는 등록관청 소재지로 한다. (○, ×)

정답 ○

04 등기·등록의 원인이 무효 또는 취소가 되어 등기·등록이 말소되는 경우 등록면허세에 영향을 미쳐 환급한다. (○, ×)

정답 ×

해설 이미 납부한 등록면허세에는 영향을 미치지 아니한다.

05 등기·등록할 당시에 자산재평가 또는 감가상각 등의 사유로 그 가액이 달라진 경우에는 변경된 가액을 과세표준으로 한다. (○, ×)

정답 ○

06 저당권 설정등기와 가압류·가처분의 설정 등기인 경우에는 부동산액을 과세표준으로 1,000분 2의 세율을 적용한다. (○, ×)

정답 ×

해설 저당권 설정등기와 가압류·가처분의 설정 등기인 경우에는 채권금액을 과세표준으로 1,000분 2의 세율을 적용한다.

07 채권금액에 의해 과세액을 정하는 경우에 일정한 채권금액이 없을 때에는 채권의 목적이 된 것 또는 처분의 제한의 목적이 된 금액을 그 채권금액으로 본다. (○, ×)

정답 ○

08 임차권설정등기시 임대차 보증금액이 등록면허세의 과세표준이다. (○, ×)

정답 ×

해설 임차권설정등기시 월임대차 금액이 등록면허세의 과세표준이다.

09 대도시에서 법인을 설립(설립 후 또는 휴면법인을 인수한 후 5년 이내에 자본 또는 출자액을 증가하는 경우를 포함한다)하거나 지점이나 분사무소를 설치함에 따른 등기를 할 때에는 그 세율을 표준세율의 100분의 300으로 한다. (○, ×)

정답 ○

10 여신전문금융업법 제2조 제12호에 따른 할부금융업을 영위하기 위하여 대도시에서 법인을 설립함에 따른 등기를 할 때에는 그 세율을 해당 표준세율의 100분의 300으로 한다. 단, 그 등기일부터 2년 이내에 업종변경이나 업종추가는 없다. (○, ×) 제30회

정답 ×

해설 여신전문금융업법 제2조 제12호에 따른 할부 금융업을 영위하기 위하여 대도시에서 법인을 설립함에 따른 등기를 할 때에는 중과 제외한다.

11 거주자인 개인 乙은 甲이 소유한 부동산(시가 6억원)에 전세기간 2년, 전세보증금 3억원으로 하는 전세계약을 체결하고, 전세권 설정등기를 하였다. 지방세법상 등록면허세에 관한 설명으로 옳은 것은? 제32회

① 과세표준은 6억원이다. ② 표준세율은 전세보증금의 1천분의 8이다.

③ 납부세액은 6천원이다. ④ 납세의무자는 乙이다.

⑤ 납세지는 甲의 주소지이다.

정답 ④

해설 ① 과세표준은 전세금액 3억원이다.

② 표준세율은 전세보증금의 1천분의 2이다.

③ 납부세액은 전세금액 3억원 × 0.2% = 60만원이다.

⑤ 납세지는 부동산 소재지이다.

12 매매에 의해 취득가액이 50만원 이하 물건의 등기 또는 등록에 대한 등록면허세의 설명이다. 틀린 것은?

① 부과하지 아니한다.

② 과세표준은 취득당시 가액이다.

③ 납세의무자는 등기·등록하는 자이다.

④ 납세지는 부동산 소재지이다.

⑤ 세율은 1,000분의 20이다.

정답 ①

해설 ① 취득가액이 50만원 이하인 경우의 소유권 등기에 대해 등록면허세 부과한다.

13 지방세법령상 등록에 대한 등록면허세에 관한 설명으로 틀린 것은? 제34회

① 같은 등록에 관계되는 재산이 둘 이상의 지방자치단체에 걸쳐 있어 등록면허세를 지방자치단체별로 부과할 수 없을 때에는 등록관청 소재지를 납세지로 한다.

② 지방자치단체의 장은 등록면허세의 세율을 부동산 등기에 따른 표준세율의 100분의 50의 범위에서 가감할 수 있다.

③ 주택의 토지와 건축물을 한꺼번에 평가하여 토지나 건축물에 대한 과세표준이 구분되지 아니하는 경우에는 한꺼번에 평가한 개별주택가격을 토지나 건축물의 가액비율로 나눈 금액을 각각 토지와 건축물의 과세표준으로 한다.

④ 부동산의 등록에 대한 등록면허세의 과세표준은 등록자가 신고한 당시의 가액으로 하고, 신고가 없거나 신고가액이 시가표준액보다 많은 경우에는 등록당시 시가표준액으로 한다.

⑤ 채권자대위자는 납세의무자를 대위하여 부동산의 등기에 대한 등록면허세를 신고납부할 수 있다.

정답 ④

해설 ④ 부동산의 등록에 대한 등록면허세의 과세표준은 등록당시가액으로 등록자가 신고한 당시의 가액으로 한다. 신고가 없거나 신고가액이 시가표준액보다 적은 경우에는 등록당시 시가표준액으로 한다.

14 등기 담당 공무원의 착오로 인한 지번의 오기에 대한 경정등기에 대해서는 등록면허세를 부과하지 아니한다. (○, ×) 제31회

정답 ○

15 등록면허세의 과세표준을 채권금액으로 과세액을 정하는 경우에 일정한 채권금액이 없을 때에는 채권의 목적이 된 것의 가액 또는 처분의 제한의 목적이 된 금액을 그 채권금액으로 본다. (○, ×) 제21회, 제30회, 제31회

정답 ○

재산세

제1절 **재산세의 개요**

재산세의 개요는 매번마다 1문제 출제되는 부분으로 이는 **재산세 과세표준, 주택의 세율**, 재산세 세부담 상한 등에 대해 중점 학습을 요한다.

1 재산세

재산세는 재산(토지·건축물·주택·선박·항공기)의 **보유**사실에 대하여 부과·징수하는 **지방세로** 서 시·군·구세이며, 보통세이다.

① **납세의무 성립** : 과세**기준일**로 **6월 1일**

② **납세의무 확정** : 지방자치단체의 세액 **결정**에 의해 세액이 **확정**된다.

③ **부과·징수방법** : 보통징수

> 보통징수방법이란 지방자치단체가 세액산정(＝ 세무공무원이 <u>세액을 결정</u>하여 **고지서발부로 징수**하는 방 법으로 납세의무자의 신고에 의해 세액이 확정되지 않기 때문에 **재산세는 신고 관련 가산세 규정이 없다**.

2 사실과세

① 과세대상 물건이 공부상 등재현황과 사실상 현황이 상이한 경우에는 사실상 현황에 의하여 재산 세를 부과(실질과세원칙)한다.

② 다만 재산세 과세대상 물건을 **공부상 등재현황과 달리 이용함으로써 재산세의 부담이 낮아**지는 경우에는 **공부상 등재 현황**에 의한다.

3 재산(과세대상물)

(1) 물건별 과세

> ① 재산세를 징수하고자 하는 때에는 <u>토지, 건축물, 주택, 선박 및 항공기로 **구분한 납세고지서**에 과세표 준과 세액을 **기재하여** 늦어도 납기개시 5일 전까지 **발부**하여야 한다.

> ② 납세고지서를 발급하는 경우 **토지에 대한 재산세는 한 장**의 납세**고지서로 발급**하며, 토지 외의 재산 에 대한 재산세는 **건축물·주택·선박 및 항공기로 구분**하여 과세대상 **물건마다** 각각 한 장의 납세 고지서로 발급할 수 있다.

③ 주 택

"주택"이란 주택과 그에 딸린 <u>토지를 **합한** 1물건</u>으로 주택으로 표현한다. 세율은 0.1% ~ 0.4%의 **누진세율**을 적용하여 <u>주택별로 세액</u>을 산정한다.

㉠ 1세대 1주택에 대한 특례

> ⓐ 1세대 1주택(시가표준액 9억원 이하 주택에 한정)에 대하는 0.05%~0.35% **누진세율을 적용**한다.
> ⓑ 1세대 1주택 판단할 때 신탁된 주택은 **위탁자의 주택 수에 가산**한다.
> ⓒ 탄력세율이 적용된 세액이 1주택 특례적용한 세액보다 **적은 경우**는 탄력적용한 세율로 한다.

㉡ **1인이 여러 개의 주택을 보유**한 경우에도 주택 마다 세액산정한다.

㉢ **주택**을 2인 이상이 공동으로 소유하거나 **토지와 건물의 소유자가 다를 경우** 당해 **주택**에 대한 **세율**을 적용함에 있어서는 <u>당해 주택의 토지와 건물의 가액을 **합산**하여 산정된</u> 과세표준액에 0.1%~0.4%의 초과누진세율을 적용한다.

㉣ 주택 부속**토지의 경계가 명백하지 아니**한 경우 그 주택의 **바닥면적의 10배**에 해당하는 토지를 주택의 부수토지로 본다.

㉤ **토지에는 · 건축물에는 주택을 제외**한다.

⑵ **건축물분 ⇨ 건축물별로 세액산정**

건축물이란 주거이외 용도의 건축물로 상가건물, 공장용 건물을 말하므로 **그에 딸린 토지와 구분하여 과세하고, 건축물에는 주택은 제외**한다. 또 한사람이 여러 채의 상가건축물을 보유한 경우에도 물건별로 과세하므로 **건축물별 세액 산정**하여 건축물 재산세로 고지한다.

① **건축물 세율** : 원칙은 **0.25%**, 예외는 다음과 같다.
  ㉠ **시내 주거지역 내 공장용 건축물** : **0.5%**
  ㉡ 과밀억제권역 내 공장 건축물의 신설 증설 : 0.25%의 5배로 1.25%
  ㉢ 고급오락장 건축물, 회원제 골프장건축물 : 1,000분의 40(4%)

> ⋈ **재산세의 겸용 주택**
> 1. 1동의 건물이 주거와 주거 이외의 용도에 사용되는 경우에는 **주거용에 사용되고 있는 부분만**을 주택으로 보며 이 경우 부속 토지는 주거와 주거 이외의 용도에 사용되고 있는 건물의 면적비율에 따라 각각 안분하여 주택의 부속 토지와 주택 외의 건물 부속 토지로 구분한다.
> 2. 1구의 건축물이 주거와 주거외의 용도에 겸용되는 경우에는 주거용으로 사용되는 면적이 전체의 **100분의 50 이상인 경우에는 주택**으로 본다.

⑶ **토지** : <u>주택을 제외한 모든 토지</u>이다(<u>미등록 토지도 포함</u>된다).

4 세액산정

① **세액산정 방법**: 재산세의 세액 = 과세표준 × 세율

② **과세표준**: 재산세의 과세표준은 <u>과세기준일시점</u>의 재산가액으로 한다.

> <u>토지·건축물·주택에 대한 재산세의 과세표준은 과세기준일 시점의 시가표준액에 공정시장가액비율(토지·건축물 ⇨ 70%, 주택 ⇨ 60%)을 곱하여 산정한 가액이다.</u> 다만, 선박·항공기에 대한 과세표준은 <u>시가표준액</u>으로 한다.

> **문제풀이 요령** 문제가 재산세과세표준일 때 부동산이면 "공정" 단어가 있으면 맞는 문장. 없을 때 공정의 숫자는 토지·건축물은 70%, 주택은 **60%**이다. 단, **주택의 과세표준이 과세표준 상한액보다 큰 경우는 과세표준 상한액으로 한다.** 선박·항공기에 대한 <u>과세표준은 시가표준액</u>으로 한다.

③ **재산세 세부담의 상한**

당해 재산에 대한 재산세의 산출세액이 **직전연도**의 당해재산에 대한 재산세액 상당액의 100분의 150을 초과하는 경우에는 <u>100분의 150에 해당하는 금액</u>을 당해연도에 징수할 세액으로 한다. **다만, 주택은 제외한다.**

> **문제풀이 요령** ,,,**"직전년도"**라는 단어를 **개별적 문제Key**로 <u>"세부담의 상한"</u>문제로 판단하고, 문장에서 **주택 단어가 있으면** <u>세부담상한은 없다.</u> 주택 단어가 없으면 **일반적 경우로** <u>100분의 150</u>

④ **소액징수면제**

고지서 1매당 재산세로 징수할 <u>세액이 **2,000원 미만**</u>인 때에는 당해 재산세를 징수하지 않는다.
> **주의** 재산세액이 **2,000원인 경우**는 징수한다.

5 납부기간

재산세의 납부기간은 재산의 종류에 따라 다음과 같이 달라진다.

> ☑ 시장·군수는 과세대상 누락·위법 또는 착오 등으로 인하여 이미 부과한 세액을 변경하거나 수시·부과하여야 할 사유가 발생한 때에는 수시로 부과·징수할 수 있다.

① **건축물**: 매년 7월 16일부터 7월 31일까지

② **토지**: <u>매년 9월 16일부터 9월 30일까지</u>

③ **주택**: 산출세액의 **2분의 1은** 매년 7월 16일부터 7월 31일까지, **나머지 2분의 1은** 9월 16일부터 9월 30일까지, 해당년도의 부과세액이 **20만원 이하**인 경우의 **주택**의 납부기간은 7월 16일부터 **7월 31일까지로 하여 한꺼번에 징수할 수** 있다.

> ☑ 토지는 세액의 크기에 관계없이 토지의 납기는 9월 16일부터 9월 30일이다.

④ **선박**: 매년 7월 16일부터 7월 31일까지

⑤ **항공기**: 매년 7월 16일부터 7월 31일까지

6 물납 또는 분납

(1) 물 납

① 시험범위 내 물납은 **재산세만** 있다.

② 재산세의 납부할 세액이 **1천만원을 초과**하는 경우에는 납세의무자의 신청을 받아 당해 지방자치단체 **관할구역 안**에 소재하는 부동산에 한하여 물납(物納)을 허가할 수 있다.

③ 물납 허가 부동산의 평가
   ㉠ 원칙: 재산세 물납대상 부동산의 수납가액은 과세**기준일**(매년 6월 1일) 현재의 시가(時價)를 원칙으로 한다. 이때 토지의 시가는 개별공시지가로 하고 건물의 시가는 「지방세법」상 시가표준액으로 한다.

④ 물납허가를 받은 부동산을 행정안전부령으로 정하는 바에 따라 물납하였을 때에는 납부기한 내에 납부한 것으로 본다.

⑤ **물납신청**: 납부기한 10일 전까지 신청

⑥ 시장·군수는 물납신청을 받은 **부동산이 관리·처분하기가 부적당하다고 인정되는 경우에는 허가하지 아니할** 수 있다.
   ㉠ 시장·군수는 불허가 통지를 받은 납세의무자가 그 통지를 받은 날부터 10일 이내에 해당 시·군의 관할 구역에 있는 부동산으로서 **관리·처분이 가능한 다른 부동산으로 변경 신청하는 경우에는 변경하여 허가할 수 있**다.

(2) 분 납

① 분납요건 및 기간

재산세의 납부할 세액이 **250만원을 초과**하는 경우에는 납부할 세액의 **일부**를 납부기한이 경과한 날부터 3개월 이내에 분납할 수 있다.

일부 금액	㉠ 재산세 납부세액이 **500만원 이하**인 경우 **일부 금액**은 250만원 **초과 금액으로** 납부기한 경과일로부터 **3개월 내에 분납**할 수 있다.
	㉡ 재산세 납부세액이 **500만원 초과**인 경우 **일부 금액**은 50% **이상 금액**으로 납부기한 경과일로부터 **3개월 내에 분납**할 수 있다.

② 물납·분납 신청 및 허가
   ㉠ 재산세의 물납신청은 납부기한 10일 전까지 신청하여야 하며, 물납의 신청을 받은 지방자치단체의 장은 신청을 받은 날부터 5일 이내에 그 허가 여부를 서면으로 통지하여야 한다.
   ㉡ **분할납부**하려는 자는 재산세의 **납부기한까지** 국토교통부령으로 정하는 **신청**서를 시장·군수에게 제출하여야 한다(「지방세법 시행령」 제116조 제2항).

③ 종합부동산세의 분납

구분	분납 요건		분납 기간
종합부동산세 (물납은 없다)	납부세액 250만원 초과	일부	납부기한경과한 날부터 **6개월 내**
	일 부	5백만원 이하 ⇨ 250만원 초과 금액	
		5백만원 초과 ⇨ 50% 이하 금액	

④ 양도소득세의 분납

구분	분납 요건		분납 기간
양도소득세 (물납은 없다)	납부세액 1천만원 초과	일 부	납부기한경과한 날부터 2**개월 내**
	일 부	2천만원 이하 ⇨ 1천만원 초과 금액	
		2천만원 초과 ⇨ 50% 이하 금액	

문 100선

01 「지방세법」상 재산세 과세표준에 관한 설명으로 옳은 것은? 제23회

① 단독주택의 재산세 과세표준은 토지·건물을 일체로 한 개별주택가격으로 한다.

② 건축물의 재산세 과세표준은 거래가격 등을 고려하여 시장·군수·구청장이 결정한 가액으로 한다.

③ 토지의 재산세 과세표준은 개별공시지가로 한다.

④ 공동주택의 재산세 과세표준은 법령에 따른 시가표준액에 100분의 60을 곱하여 산정한 가액으로 한다. 다만, 주택의 과세표준이 과세표준상한액보다 큰 경우에는 해당 주택의 과세표준은 과세표준상한액으로 한다.

⑤ 건축물의 재산세 과세표준은 법인의 경우 법인장부에 의해 증명되는 가격으로 한다.

정답 ④

02 국내 소재 부동산의 보유단계에서 지방세에 속하는 세목은 모두 몇 개인가? 제30회 변형

• 종합부동산세	• 재산세에 부가되는 지방교육세
• 재산세	• 소방분 지역자원시설세

① 0개   ② 1개   ③ 2개

④ 3개   ⑤ 4개

정답 ④

해설 지방세이면서 보유단계에 속하는 세목은 재산세, 재산세에 부가되는 지방교육세, 소방분 지역자원시설세로 3개이다. 종합부동산세는 국세이면서 보유세목이다.

03 지방세법령상 재산세의 부과·징수에 관한 설명으로 틀린 것은?　　　　제34회 변형

① 주택에 대한 재산세의 경우 해당 연도에 부과·징수할 세액의 2분의 1은 매년 7월 16일부터 7월 31일까지, 나머지 2분의 1은 9월 16일부터 9월 30일까지를 납기로 한다. 다만, 해당 연도에 부과할 세액이 20만원 이하인 경우에는 조례로 정하는 바에 따라 납기를 9월 16일부터 9월 30일까지로 하여 한꺼번에 부과·징수할 수 있다.

② 재산세는 관할 지방자치단체의 장이 세액을 산정하여 보통징수의 방법으로 부과·징수한다.

③ 재산세를 징수하려면 토지, 건축물, 주택, 선박 및 항공기로 구분한 납세고지서에 과세표준과 세액을 적어 늦어도 납기개시 5일 전까지 발급하여야 한다.

④ 재산세의 과세기준일은 매년 6월 1일로 한다.

⑤ 고지서 1장당 재산세로 징수할 세액이 2천원 미만인 경우에는 해당 재산세를 징수하지 아니한다.

> **정답** ①
>
> **해설** ① 주택의 세액이 20만원 이하인 경우는 납기는 7월 16일부터 7월 30일까지로 하여 한꺼번에 부과·징수할 수 있다.

04 지방세법상 재산세에 관한 설명으로 틀린 것은?　　　　제32회 변형

① 토지에 대한 재산세의 과세표준은 시가표준액에 공정시장가액비율(100분의 70)을 곱하여 산정한 가액으로 한다.

② 재산세의 분납의 납부세액의 2백5십만원을 초과하는 경우에 납부할 세액의 일부를 납부기한이 경과한 날부터 3개월 이내에 분납할 수 있다

③ 재산세 물납신청을 받은 시장·군수·구청장이 물납을 허가하는 경우 물납을 허가하는 부동산의 가액은 물납허가일 현재의 시가로 한다.

④ 주택의 토지와 건물 소유자가 다를 경우 해당주택에 대한 세율을 적용할 때 해당 주택의 토지와 건물의 가액을 합산한 과세표준에 주택의 세율을 적용한다.

⑤ 주택의 경우 세부담 상한 없다.

> **정답** ③
>
> **해설** ③ 물납허가일 현재의 시가 ⇨ 과세기준일 현재의 시가

05 「지방세법」상 재산세의 과세표준과 세율에 관한 설명으로 옳은 것을 모두 고른 것은? (단, 법령
에 따른 재산세의 경감은 고려하지 않음) 제31회 변형

> ㉠ 토지와 건물의 소유자가 다른 주택에 대해 세율을 적용할 때 해당 주택의 토지와 건물의 가액
> 을 소유자별로 구분 계산한 과세표준에 해당 세율을 적용한다.
> ㉡ 건축물에는 주택을 포함한다.
> ㉢ 주택의 과세표준은 법령에 따른 시가표준액에 공정시장가액비율(시가표준액의 100분의 70)을
> 곱하여 산정한 가액으로 한다.

① 옳은 것은 없다. ② ㉢ ③ ㉠, ㉡
④ ㉡, ㉢ ⑤ ㉠, ㉡, ㉢

정답 ①

해설 ㉠ 토지와 건물의 소유자가 다른 주택에 대해 세율 적용할 때 해당 주택의 토지와 건
물의 가액을 합한 과세표준에 해당세율을 적용한다.
㉡ 건축물에는 주택을 제외한다.
㉢ 시가표준액의 60

06 지방세법령상 재산세의 물납에 관한 설명으로 옳은 것을 모두 고른 것은? 제35회

> ㉠ 지방자치단체의 장은 재산세의 납부세액이 1천만원을 초과하는 경우에는 납세의무자의 신청
> 을 받아 해당 지방자치단체의 관할구역에 있는 부동산에 대하여만 대통령령으로 정하는 바에
> 따라 물납을 허가할 수 있다.
> ㉡ 시장·군수·구청장은 법령에 따라 불허가 통지를 받은 납세의무자가 그 통지를 받은 날부터
> 10일 이내에 해당 시·군·구의 관할구역에 있는 부동산으로서 관리·처분이 가능한 다른 부
> 동산으로 변경 신청하는 경우에는 변경하여 허가할 수 있다.
> ㉢ 물납을 허가하는 부동산의 가액은 물납 허가일 현재의 시가로 한다.

① ㉠ ② ㉢ ③ ㉠, ㉡
④ ㉡, ㉢ ⑤ ㉠, ㉡, ㉢

정답 ③

해설 ㉢ 물납을 허가하는 부동산의 가액은 과세기준일 현재의 시가로 한다.

제2절 | 재산세 납세의무자

> **출제빈도** 제5회, 제7회, 제10회, 제11회, 제12회, 제13회, 제14회, 제15회, 제18회, 제19회, 제21회, 제22회, 제23회, 제24회, 제25회, 제26회, 제27회, 제28회, 제29회, 제31회, 제32회, 제33회, 제35회

1 원 칙

재산세 과세기준일(매년 6월 1일) 현재 과세대상인 재산을 사실상 소유하고 있는 자

> ☑ 과세기준일 전에 잔금지급한 경우 ⇨ 매수인
> ☑ 과세기준일 이후에 잔금지급한 경우 ⇨ 매도인
> ☑ 과세기준일 = 잔금지급일 ⇨ 매수인
> 　과세기준일에 양도·양수된 때에는 양수인을 과세대장에 등재하고 당해연도 납세의무자로 한다.

① 재산의 <u>소유권 변동</u> 또는 과세대상 재산의 변동 사유가 발생하였으나 과세기준일까지 그 <u>등기가 되지 아니한</u> 재산의 공부상 소유자가 <u>과세기준일부터 15일 이내</u>에 그 소재지를 관할하는 지방자치단체의 장에게 그 사실을 알 수 있는 증거자료를 갖추어 신고함으로 인하여 사실상 소유자를 판단한다.

> **지방세법 제120조【신고의무】** ① 다음 각 호의 어느 하나에 해당하는 자는 과세**기준일부터 15일 이내**에 그 소재지를 관할하는 지방자치단체의 장에게 그 사실을 알 수 있는 증거자료를 갖추어 **신고하여야** 한다.
> ⓐ 재산의 **소유권 변동** 또는 과세대상 재산의 변동 사유가 발생하였으나 과세기준일까지 그 **등기·등록이 되지 아니한** 재산의 **공부상 소유자**
> ⓑ 상속이 개시된 재산으로서 상속등기가 되지 아니한 경우에는 주된 상속자
> ⓒ 사실상 종중재산으로서 공부상에는 개인 명의로 등재되어 있는 재산의 공부상 소유자
> ⓓ **수탁자 명의로 등기·등록된** 신탁재산의 **수탁자**
> ⓔ 1세대가 둘 이상의 주택을 소유하고 있음에도 불구하고 1세대1주택에 대한 특례 세율을 적용받으려는 경우에는 그 세대원
> ⓕ 공부상 등재현황과 사실상의 현황이 다르거나 사실상의 현황이 변경된 경우에는 해당 재산의 사실상 소유자

② ①에 따른 신고가 사실과 일치하지 아니하거나 신고가 없는 경우에는 지방자치단체의 장이 직권으로 조사하여 과세대장에 <u>등재</u>할 수 있다.

2 예 외

① **공부상의 소유자**

> ㉠ 공부상의 소유자가 매매 등의 사유로 소유권의 변동이 있었음에도 이를 **신고하지 아니하여** 사실상의 소유자를 알 수 없는 때에는 **공부상의 소유자**를 납세의무자로 본다.

> ㉡ 공부상에 개인 등의 명의로 등재되어 있는 사실상의 종중재산으로서 종중소유임을 **신고하지 아니하**였을 때에는 **공부상의 소유자**를 납세의무자로 한다.
> ㉢ 「채무자 회생 및 파산에 관한 법률」에 따른 **파산선고 이후 파산종결의 결정까지** 파산재단에 속하는 재산의 경우 **공부상 소유자**를 납세의무자로 본다.

② **주된 상속자**

> ㉠ **상속**이 개시된 재산으로서 상속등기가 이행되지 아니하고 사실상의 소유자를 **신고하지 아니한** 때에는 **주된 상속자**를 납세의무자로 본다.
> ㉡ 주된 상속자란 「민법」상 상속지분이 높은 사람으로 하되 상속지분 높은 사람이 2 이상이면 그중 나이가 많은 사람으로 한다.

③ **매수계약자**

> ㉠ **국가·지방자치단체·지방자치단체조합**과 재산세 과세대상 재산을 **연부**로 매매 계약을 체결하고 그 재산의 사용권을 **무상**으로 받은 경우에는 **매수계약자**를 납세의무자로 본다.
> ㉡ **국가,** 지방자치단체 및 지방자치단체조합이 **선수금을 받아** 조성하는 매매용 토지로서 사실상 조성이 완료된 토지의 사용권을 **무상**으로 받은 자가 있는 경우에는 그 자를 **매수계약자**로 본다.
> ㉢ 연부취득에 의하여 무상사용권을 부여받은 토지는 국가·지방자치단체·지방자치단체조합등으로부터 연부취득한 것에 한하므로 국가 등 이외의 자로부터 연부취득 중인 때에는 매수인이 무상사용권을 부여 받았다 하더라도 국가 등 이외의 자가 납세의무자가 된다.

④ **위탁자**

> 신탁법에 따라 수탁자 명의로 등기·등록된 신탁재산의 경우로 위탁자를 납세의무자로 본다.

⑤ **사업시행자**

> 도시개발법에 의하여 시행하는 환지방식에 의한 도시개발사업 및 도시 및 주거환경정비법에 의한 정비사업(주택재개발사업 및 도시환경정비사업에 한한다)의 시행에 따른 환지계획에서 일정한 토지를 환지로 정하지 아니하고 **체비지** 또는 **보류지**로 정한 경우에는 **사업시행자**를 납세의무자로 본다.

⑥ **사용자**

> 재산세 과세기준일 현재 소유권의 **귀속이 분명하지 아니**하여 사실상의 소유자를 확인할 수없는 경우에는 그 **사용자**를 납세의무자로 본다. 이 경우 과세권자는 사용자에게 미리 통지하여야 한다.

⑦ **지분권자**

> ㉠ **공유재산**인 경우에는 그 지분에 해당하는 부분에 대하여 그 **지분권자**를 납세의무자로 본다(**지분의 표시가 없는 경우**에는 지분이 **균등**한 것으로 본다).
> ㉡ 주택의 건물과 부속토지의 소유자가 다를 경우에는 당해 주택에 대한 산출세액을 건축물과 그 부속토지의 **시가표준액 비율로 안분 계산**한 부분에 대하여 **그 소유자**를 납세의무자로 본다.

문 100선

01 「지방세법」상 재산세의 과세기준일 현재 납세의무자에 관한 설명으로 옳은 것은?

제28회, 제35회 변형

① A주택을 「신탁법」에 따라 수탁자명의로 신탁등기하게 하는 경우 위탁자를 재산세 납세의무자로 본다.

② 국가가 선수금을 받아 조성하는 매매용 토지로서 사실상 조성이 완료된 토지의 사용권을 무상으로 받은 자는 재산세를 납부할 의무가 없다.

③ 공유재산인 경우 지분이 큰 자를 재산세 납세의무자로 본다.

④ 소유권의 귀속이 분명하지 아니하여 사실상의 소유자를 확인할 수 없는 경우에는 공부상 소유자가 납부할 의무가 있다.

⑤ 지방자치단체와 재산세 과세대상 재산을 연부로 매매계약을 체결하고 그 재산의 사용권을 무상으로 받은 경우에는 그 매도계약자를 납세의무자로 본다.

정답 ①

해설 ② 국가가 선수금을 받아 조성하는 매매용 토지로서 사실상 조성이 완료된 토지의 사용권을 무상으로 받은 자는 재산세를 납부할 의무가 있다.

③ 공유재산인 경우 지분권자를 납세의무자로 본다.

④ 소유권의 귀속이 분명하지 아니하여 사실상 소유자를 확인할 수 없는 경우에는 사용자가 납부할 의무가 있다.

⑤ 매도계약자가 아닌 매수계약자이다.

02 甲이 乙에게 토지를 매도한 후 乙이 소유권이전등기를 이행하지 않았더라도 사실상 소유자는 乙이므로 甲의 소유권변동신고 여부에 관계없이 재산세 납세의무자는 乙이다. (○, ×)

정답 ×

해설 공부상 소유자인 甲이 과세기준일로부터 15일 내에 신고한 경우는 사실상 소유자인 乙이 납세의무자이다. 만약 신고하지 아니한 경우 공부상 소유자인 甲이 납세의무자이다.

03 2025년 5월 31일에 재산세 과세대상 재산의 매매잔금을 수령하고 소유권이전등기를 한 매도인이 2025년도의 재산세 납세의무자이다. (○, ×)

정답 ×

해설 2025년 과세기준일 시점의 사실상 소유자인 매수인이 2025년도의 재산세 납세의무자이다.

04 거주자 甲이 2023년부터 보유한 3주택 중 2주택을 거주자 乙에게 2025.6.17.에 양도하고 동시에 乙이 소유권이전등기를 한 경우, 2025년도의 재산세 납세의무는 양도한 2주택에 대해서는 甲의 2025년 보유기간에 대해 乙은 2025년의 보유기간에 대해 납부할 의무가 있다. (○, ×)
제35회 변형

정답 ×

해설 2025년 과세기준일 시점의 사실상 소유자인 매도인 甲이 3주택 모두에 대해 2025년도의 재산세 납세의무가 있다.

05 수탁자 명의로 등기·등록된 신탁재산의 수탁자는 과세기준일부터 15일 이내에 그 소재지를 관할하는 지방자치단체의 장에게 그 사실을 알 수 있는 증거자료를 갖추어 신고하여야 한다. (○, ×)
제35회

정답 ○

06 공부상에 개인 등의 명의로 등재되어 있는 사실상의 종중재산으로서 종중소유임을 신고하지 아니하였을 경우 재산세 납세의무는 종중에게 있다. (○, ×)

정답 ×

해설 공부상에 개인 등의 명의로 등재되어 있는 사실상의 종중재산으로서 종중소유임을 **신고하지 아니**하였을 때에는 **공부상의 소유자**를 납세의무자로 한다.

제3절 | **토지 재산세**

> **출제빈도** 제5회, 제7회, 제10회, 제11회, 제12회, 제13회, 제14회, 제15회, 제18회, 제19회, 제21회, 제22회, 제23회,
> 제25회, 제27회, 제28회, 제29회, 제30회, 제31회, 제32회, 제33회
> 토지의 재산세는 제10회~제35회에서 7회 정도는 출제되지 않았으나, 거의 매년 출제되는 part로 종합부동산세
> 와 연관된 부문으로 **재산세에서 출제되지 않으면 종합부동산세에서 출제되는 중요한 부분**이다.

1 토지에 대한 재산세

(1) 주택을 제외한 모든 토지를 종합합산, 별도합산, 분리과세로 구분하여 과세

① 토지에 대한 재산세를 물어보는 문제에서 주택은 토지 재산세에 제외된다. ⇨ 주택은 주택에 대한
재산세로 고지서 발부한다.

② 주택을 제외한 모든 토지를 토지에 대한 재산세로 납부기간을 9월 16일~9월 30일로 고지한다.

(2) 종합합산 · 별도합산 · 분리과세의 구분

> ① **토지 활용도와** 소재된 지역의 용도와 일치 ⇨ 분리(분리과세되는 농지, 목장, 임야의 세율은 0.07%,
> 공장토지의 세율은 0.2%)
>   ⊙ 법인 소유의 농지는 종합합산
>   ⓐ ○○업법인 농지인 경우: 업종과 일치인 경우 ⇨ 분리과세
>   ⓑ 업종과 불일치한 경우 ⇨ 종합합산
>   ☑ • 농업법인 농지 ⇨ 분리과세
>   • 제조업법인 농지 ⇨ 종합합산
>   • 사회복지사업자의 복지시설에 공하기 위한 소비용 농지 ⇨ 분리과세
>   • 한국농촌공사 소유 농가공급용 농지 ⇨ 분리과세
>   • **종중소유 농지** ⇨ 분리과세

> ② 임 야
>   ⊙ **환경과 관련**된 구역 내 · **물 관련** 구역 내 임야 ⇨ 분리과세
>   ⓛ 그 이외의 임야는 종합합산 · 종중 소유 임야 ⇨ 분리과세
>   • 자연**환경지구** 내의 임야, 「문화유산의 보존 및 활용에 관한 법률」에 따른 지정문화유산 안의 임야
>   • 「자연유산의 보존 및 활용에 관한 법률」에 따른 천연기념물 등 안의 임야 ⇨ 분리과세
>   • **개발제한구역** 내의 임야 ⇨ 분리과세
>   • **상수원보호 구역 내**의 임야 ⇨ 분리과세

> ③ 토지 활용도와 소재된 지역의 용도와 불일치 ⇨ 종합합산. 단, **공장용 토지**는 지역의 **용도와 불일치**한
> 경우 **별도합산한다.**

④ ... 초과 ⇨ **종합합산**

⑤ 영업 관련 토지 ⇨ 별도 합산
  ㉠ 여객자동차운송사업의...차고용 토지
  ㉡ ...자동차운전학원의 **자동차운전학원용 토지**
  ㉢ ...관광사업자가 ...시설기준을 갖추어 설치한 박물관
    ☑ 미술관·동물원·식물원의 야외전시장용 토지
  ㉣ **장사 등에 관한 법률에...법인묘지용 토지**
  ㉤ ...**스키장 및 대중골프장용 토지 중 원형이 보전되는 임야**

⑥ 산업 관련 토지(○○공사) : 분리과세 ⇨ 0.2%
  ㉠ 국가 및 지방자치단체 지원을 위한 특정목적 사업용 토지로서 대통령으로 정하는 토지
    ↳ **군대 관련**
  ㉡ 에너지공급 및 방송통신, 교통 등의 기반 시설용토자
    (**염전**, 여객자동차 **터미널토지** ⇨ **분리**과세, 세율은 **0.2%**)

⑦ 고급오락장, 회원제골프장 토지 ⇨ 분리과세(세율은 토지든 건축물이든 4%)

⑧ 종합합산 : **나대지**. 무허가 건축물의 부속토지, **잡종지**

(3) **신탁재산**

① 「신탁법」에 따른 신탁재산에 속하는 종합합산과세대상 토지 및 별도합산과세대상 토지의 합산 방법은 다음 각 ㉠㉡에 따른다.
  ㉠ 신탁재산에 속하는 토지는 수탁자의 고유재산에 속하는 토지와 서로 합산하지 아니한다.
  ㉡ 위탁자별로 구분되는 신탁재산에 속하는 토지의 경우 위탁자별로 각각 합산하여야 한다.
② 신탁재산의 위탁자가 "재산세 등"을 체납한 경우 ⇨ 그 위탁자의 다른 재산에 대하여 징수할 금액에 미치지 못 할 때에는 해당 신탁재산의 수탁자는 그 신탁재산으로써 위탁자의 재산세 등을 납부할 의무가 있다.

01 토지와 주택에 대한 재산세 과세대상은 종합합산과세대상, 별도합산과세대상 및 분리과세 대상으로 구분한다. (○, ×) 제31회

정답 ×

해설 주택은 토지 재산세에 제외된다. ⇨ 주택은 주택에 대한 재산세로 고지서 발부한다. 주택을 제외한 모든 토지를 토지에 대한 재산세로 납부기간을 9월 16일~9월 30일로 고지한다.

02 **지방세법상 재산세 종합합산과세대상 토지는?** 제29회 변형

① 「자연유산의 보존 및 활용에 관한 법률」에 따른 천연기념물 등 안의 임야
② 국가가 국방상 목적 외에는 그 사용 및 처분 등을 제한하는 공장구내의 토지
③ 건축법 등 관계법령에 따라 허가 등을 받아야 할 건축물로서 허가받지 아니한 공장용 건축물의 부속토지
④ 「자연공원법」에 따라 지정된 공원자연 환경지구내의 임야
⑤ 개발제한구역의 지정 및 관리에 관한 특별조치법에 따른 개발제한구역내의 임야

정답 ③

해설 ③ 건축법 등 관계법령에 따라 허가 등을 받아야 할 건축물로서 허가받지 아니한 공장 용 건축물의 부속토지 ⇨ 종합합산으로 표준세율은 1,000분의 2~1,000분의 5의 누 진세율

① 「자연유산의 보존 및 활용에 관한 법률」에 따른 천연기념물 등 안의 임야 ⇨ 분리 과세로 표준세율은 1,000분의 0.7

② 국가가 국방상 목적 외에는 그 사용 및 처분 등을 제한하는 공장구내의 토지 ⇨ 분리과세로 표준세율은 1,000분의 2

④ 「자연공원법」에 따라 지정된 공원자연 환경지구내의 임야 ⇨ 분리과세로 표준세율 은 1,000분의 0.7

⑤ 개발제한구역의 지정 및 관리에 관한 특별조치법에 따른 개발제한구역내의 임야 ⇨ 분리과세로 표준세율은 1,000분의 0.7

03 지방세법상 다음의 재산세 과세대상 중 가장 낮은 표준세율이 적용되는 것은?

① 고급오락장용 토지
② 군(郡)지역에 소재하는 공장용 건축물
③ 분리과세 고급오락장용 토지
④ 군(郡)지역에 소재하는 공장용 건축물의 토지
⑤ 분리과세인 회원제 골프장용 토지

정답 ②

해설 ② 군(郡)지역에 소재하는 공장용 건축물 ⇨ 건축물 재산세로 표준세율은 1,000분의 0.25

① 고급오락장용 토지 ⇨ 토지에 대한 재산세로 고지서 발급하며, 분리과세로 표준세율은 1,000분의 40
③ 분리과세 고급오락장용 토지 ⇨ 토지에 대한 재산세로 고지서 발급하며, 분리과세로 표준세율은 1,000분의 40
④ 군(郡)지역에 소재하는 공장용 건축물의 토지 ⇨ 토지 재산세로 고지서 발급하며, 분리과세로 표준세율은 1,000분의 2
⑤ 분리과세인 회원제 골프장용 토지 ⇨ 토지 재산세로 고지서 발급하며, 분리과세로 표준세율은 1,000분의 40

04 지방세법상 재산세 과세대상 토지(비과세 또는 면제대상이 아님)중 과세표준이 증가함에 따라 제산세 부담이 누진적으로 증가할 수 있는 것은?

① 과세기준일 현재 군지역에서 실제 영농에 사용되고 있는 개인이 소유하는 과수원
② 개인과 축산업을 주업으로 하는 법인이 축산용으로 사용하는 도시지역 밖의 목장용지 중 축산용 토지 및 건물의 기준을 초과하는 토지
③ 1980. 5. 1.부터 종중이 소유하고 있는 임야
④ 회원제 골프장용 토지로서 체육시설의 설치·이용엑 관한 법률 규정에 의한 등록대상이 되는 토지
⑤ 고급오락장으로 사용되는 건축물의 부속토지

정답 ②

해설 ② 0.2%~0.5% 누진세율, ① 0.07%, ③ 0.07%, ④ 4%, ⑤ 4%

05 1990년 5월 31일 이전부터 종중이 소유하고 있는 임야는 종합합산이다. (○, ×)

정답 ×

해설 1990년 5월 31일 이전부터 종중이 소유하고 있는 임야는 분리과세로 표준세율은 1,000분의 0.7

06 도로교통법에 따라 등록된 자동차운전학원용 토지로서 같은 법에서 정하는 시설을 갖춘 구역 안의 토지는 분리과세로 0.2%의 세율이 적용된다. (○, ×)

정답 ×

해설 도로교통법에 따라 등록된 자동차운전학원용 토지로서 같은 법에서 정하는 시설을 갖춘 구역 안의 토지는 별도합산으로 1,000분의 2~1,000분의 4의 누진세율이 적용된다.

07 「**지방세법**」상 토지에 대한 재산세를 부과함에 있어서 과세대상의 구분(종합합산과세대상, 별도합산과세대상, 분리과세대상)이 분리과세인 것은 몇 개인가?

> ㉠ 「관광진흥법」에 따른 관광사업자가 「박물관 및 미술관 진흥법」에 따른 시설기준을 갖추어 설치한 박물관·미술관·동물원·식물원의 야외전시장용 토지
> ㉡ 「장사 등에 관한 법률」에 따른 설치·관리허가를 받은 법인묘지용 토지로서 지적공부상 지목이 묘지인 토지
> ㉢ 과세기준일 현재 계속 염전으로 실제 사용하고 있는 토지
> ㉣ 「도로교통법」에 따라 등록된 자동차운전학원의 자동차운전학원용 토지로서 같은 법에서 정하는 시설을 갖춘 구역 안의 토지

정답 1개

해설 ㉢ 분리과세로 표준세율은 1,000분의 2(㉠, ㉡, ㉣은 별도합산으로 누진세율이 적용된다)

08 「신탁법」에 따른 신탁재산에 속하는 종합합산과세대상 토지는 수탁자의 고유재산에 속하는 토지와 합산하지 아니한다. (○, ×)   제31회

정답 ○

09 신탁주택의 수탁자가 재산세를 체납한 경우 그 수탁자의 다른 재산에 대하여 강제징수하여도 징수할 금액에 미치지 못할 때에는 해당 주택의 위탁자가 재산세를 납부할 의무가 있다. (○, ×)   제35회

정답 ×

해설 신탁재산의 위탁자가 "재산세 등"을 체납한 경우 그 위탁자의 다른 재산에 대하여 징수할 금액에 미치지 못할 때에는 해당 신탁재산의 수탁자는 그 신탁재산으로써 위탁자의 재산세 등을 납부할 의무가 있다.

10 다음은 재산세의 분리과세 대상 토지를 열거한 것이다. 가장 관계가 없는 것은?

① 과수원
② 공장용지
③ 주택에 딸린 토지
④ 종중소유 임야
⑤ 목장

정답 ③

11 지방세법령상 재산세의 표준세율에 관한 설명으로 틀린 것은? (단, 지방세관계법령상 감면 및 특례는 고려하지 않음)   제34회 변형

① 법령에서 정하는 시내 상업지역내 영업용 건축물의 세율은 1,000분의 2.5이다.
② 특별시 지역에서 「국토의 계획 및 이용에 관한 법률」과 그 밖의 관계 법령에 따라 지정된 주거지역 및 해당 지방자치단체의 즈례로 정하는 지역의 대통령령으로 정하는 공장용 건축물의 표준세율은 과세표준의 1천분의 5이다.
③ 주택(법령으로 정하는 1세대 1주택 아님)의 경우 표준세율은 최저 1천분의 1에서 최고 1천분의 4까지 4단계 초과누진세율로 적용한다.
④ 시내 주거지역내의 주택의 표준세율은 최저 1천분의 1에서 최고 1천분의 4까지 4단계 초과누진세율로 적용한다.
⑤ 지방자치단체의 장은 특별한 재정수요나 재해 등의 발생으로 재산세의 세율 조정이 불가피하다고 인정되는 경우 조례로 정하는 바에 따라 표준세율의 100분의 50의 범위에서 가감할 수 있다. 다만, 가감한 세율은 해당 연도를 포함하여 3년간 적용한다.

정답 ⑤
해설 가감한 세율은 해당 연도만 적용한다.

제4절 재산세의 비과세

출제빈도 제20회, 제22회, 제28회, 제30회, 제33회

1 재산세의 비과세

(1) **국가, 지방자치단체의 소유에 재산**: 비과세
외국정부는 상호 면세주의에 의한다. ⇨ 대한민국 정부기관의 재산에 대하여 과세하는 외국정부의 재산은 재산세 부과한다.

(2) 국가, 지방자치단체 또는 지방자치단체조합이 1년 이상 공용 또는 공공용으로 사용(1년 이상 사용할 것이 계약서 등에 의하여 입증되는 경우를 포함한다)하는 재산에 대하여는 재산세를 부과하지 아니한다.
① **국가, 지방자치단체가 공공용으로 유료사용**: **과세**
② 국가, 지방자치단체가 소유권의 **유상이전을 약정한** 경우로서 그 재산을 취득하기 전에 **미리 사용하는 경우**: **과세**

(3) **도로·하천·제방·구거·유지 및 묘지**: 비과세
① **도로**: **사설도로를 포함하여 비**과세 하나, 휴게시설의 도로·대지 안의 공지는 과세
② 제방은 비과세. 단, 특정인이 전용하는 제방은 과세

(4) 임시로 사용하기 위한 건축물로 **과세기준일 현재 1년 미만**의 임시 건축된 **건축물은 비과세이다.**
　주의 과세기준일 현재 1년 미만인 **토지**, 사치성재산(고급오락장, 회원제 골프장, 고급주택)은 **과세**

(5) 「산림보호법」에 따른 산림보호구역 그 밖의 공익상 재산세를 부과하지 아니할 타당한 이유있는 토지
: 비과세
① 「군사기지 및 군사시설 보호법」에 따른 군사기지 및 군사시설 보호구역 중 통제보호구역에 있는 토지는 비과세. 다만, 전·답·과수원 및 대지는 제외한다.
② 「산림보호법」에 따라 지정된 「산림보호구역 및 산림자원의 조성 및 관리에 관한 법률」에 따라 지정된 **채종림·시험림**: **비과세**
③ 「자연공원법」에 공원자연**보존지구의 임야**: **비과세**
④ ...백두대간보호지역의 임야: 비과세

(6) **행정기관으로부터 철거명령을 받은 건축물** 등 재산세를 부과하는 해당 연도에 철거하기로 계획이 확정되어 재산세 과세기준일 현재 행정관청으로부터 철거명령을 받았거나 철거보상계약이 체결된 건축물 또는 주택건물은 비과세한다. 단, 토지는 과세한다.

문 100선

01 「지방세법」상 재산세 비과세 대상에 해당하는 것은? 제30회

① 지방자치단체가 1년 이상 공용으로 사용하는 재산으로서 유료로 사용하는 재산
② 「한국농어촌공사 및 농지관리기금법」에 따라 설립된 한국농어촌공사가 같은 법에 따라 농가에 공급하기 위하여 소유하는 농지
③ 「공간정보의 구축 및 관리 등에 관한 법률」에 따른 제방으로서 특정인이 전용하는 제방
④ 「군사기지 및 군사시설 보호법」에 따른 군사기지 및 군사시설 보호구역 중 통제보호구역에 있는 전·답
⑤ 「산림자원의 조성 및 관리에 관한 법률」에 따라 지정된 채종림·시험림

정답 ⑤

해설 ⑤ 「산림자원의 조성 및 관리에 관한 법률」에 따라 지정된 채종림·시험림은 재산세 비과세이다.

02 「지방세법」상 재산세의 비과세대상이 아닌 것은? 제28회

① 임시로 사용하기 위하여 건축된 건축물로서 재산세 과세 기준일 현재 1년 미만의 것
② 재산세를 부과하는 해당 연도에 철거하기로 계획이 확정되어 재산세 과세기준일 현재 행정관청으로부터 철거 명령을 받은 주택과 그 부속토지인 대지
③ 농업용 구거와 자연 유수의 배수처리에 제공하는 구거
④ 「군사기지 및 군사시설 보호법」에 따른 군사기지 및 군사시설 보호구역 중 통제보호구역에 있는 토지(전·답·과수원 및 대지는 제외)
⑤ 「도로법」에 따른 도로와 그밖에 일반인의 자유로운 통행을 위하여 제공할 목적으로 개설한 사설도로(「건축법 시행령」 제80조의3에 따른 대지 안의 공지는 제외)

정답 ②

해설 ② 대지는 과세이다.

03 지방자치단체가 1년 이상 공용으로 사용하는 재산으로서 유료로 사용하는 경우에는 재산세를 부과한다. (○, ×) 제32회

정답 ○

04 지방자치단체가 1년 이상 공용으로 사용하는 재산에 대하여는 소유권의 유상이전을 약정한 경우로서 그 재산을 취득하기 전에 미리 사용하는 경우 재산세를 부과하지 아니한다. (○, ×)

제33회

정답 ×

해설 지방자치단체가 1년 이상 공용으로 사용하는 재산에 대하여는 소유권의 유상이전을 약정한 경우로서 그 재산을 취득하기 전에 미리 사용하는 경우 재산세를 부과한다.

05 과세기준일 현재 1년 미만의 임시 건축된 건축물의 토지는 비과세이다. (○, ×)

정답 ×

해설 **과세기준일 현재 1년 미만**의 임시 건축된 **건축물의 토지는 재산세 과세이다.**

MEMO

국세

Chapter 01

종합부동산세

> **출제빈도** 종합부동산세는 제15회에서부터 매년마다 1문제가 출제되었으나, 제33회, 제34회, 제35회에서는 2문제가 출제되었다. 이는 총괄적 종합문제로 출제되고 있으니 문제의 문항마다 문제 key를 잡고 풀어야 한다.

1 종합부동산세는 국세이다.

2 종합부동산세는 **소유자**에 대해 **전국의 토지 또는 주택**의 가액을 합산한 금액을 기준으로 하여 **초과누진세율을 적용**하므로 인세성격을 지닌 조세

3 종합부동산세는 과세권자가 세액을 **결정**하여 고지서 발부에 의해(**납부기간 12월 1일~12월 15일**)징수하는 국세로서 보통세 · 직접세이다(**신고하고자 하는 자**: 납부기간 내에 신고한다).

☑ **고지서 발부는 납부 개시 5일 전까지 발부**
고지서 발급 : 관할세무서장은 종합부동산세를 징수하려면 납부고지서에 **주택 및 토지로 구분한** 과세표준과 세액을 기재하여 **납부기간 개시 5일 전까지 발급**하여야 한다.

☑ **종합부동산세는 무신고 가산세는 없으나, 신고하고자하는 자가 과소신고한 경우는 과소신고 가산세 가산된다.**

4 종합부동산세와 관련이 없는 물건

> **문제풀이 요령** 재산세의 비례세율적용 물건은 종합부동산세와 관련 없다.

중요 종합부동산세와 관련이 없는 물건
건축물(만약 문장이 건축물의 부수토지로 끝난 경우는 별도합산으로 과세대상물에 속한다), 등록문화재 주택, **분리과세되는 토지, 임대주택**(소유한 자가 과세기준일 현재 그 주택에 주민등록이 있고 실제로 거주한 경우에 한하여 1세대가 소유한 주색 수에서 제외된다), 종업원 기숙사 및 사택, 주택건설사업자의 미분양 주택, 가정어린이집, **고급오락장, 골프장**

임대주택, 사택, 등록문화재 주택 등을 보유한 납세의무자는 해당 연도 **9월 16일부터 9월 30일**까지 대통령령으로 정하는 바에 따라 납세지 관할세무서장에게 해당 주택의 보유현황을 신고하여야 한다.

5 부동산 보유세인 재산세와 과세방법 비교

1차 : 재산세 (시 · 군 · 구)	2차 : 종합부동산세 (국가)
주택 ⇨ 주택별 개별 과세	과세기준일 현재 국내의 재산세 과세대상 중 <u>소유자별</u> 주택의 공시가격을 <u>합한 금액이 9억원 초과분</u>을 과세
종합합산 ⇨ 시 · 군별 소유자별 합산	과세기준일 현재 **국내소재 종합합산과세대상 토지의 공시가격을 <u>소유자별</u> 합한 금액이 5억원 초과분 과세**
별도합산 ⇨ 시 · 군별 소유자별 합산	과세기준일 현재 **국내소재 별도합산과세대상 토지의 공시가격을 소유자별로 합한 금액이 80억원 초과분은 과세**
건축물 ⇨ 건축물별 개별 과세	과세 제외

재산세의 과세방식은 종합부동산세와 달리 주택은 주택별 개별과세, 토지는 시 · 군 · 구별 인별합산하여 과세한다.

6 종합부동산세 세액 산정

1. 토지에 대한 종합부동산세 세액 산정

(1) 세액 산정

구 분	종합합산	별도합산
과세표준	(공시가격 합계액 − 5억원) × 공정시장가액비율(100%)	(공시가격 합계액 − 80억원) × 공정시장가액비율(100%)
세 율	1%~3%의 누진세율	0.5%~0.7%의 누진세율
공 제	토지분 종합합산 과세표준금액에 대하여 토지분 재산세액으로 부과된 세액은 토지분 종합산세액에서 공제한다.	토지분 별도합산 과세표준금액에 대하여 토지분 재산세액으로 부과된 세액은 토지분 별도합산세액에서 공제한다.

☑ 토지분 재산세로 부과된 세액 : 탄력세율이 적용된 경우에는 그 세율이 적용된 세액, 세부담 상한을 적용받은 경우에는 그 상한을 적용받은 세액을 말한다.

(2) 주택에 대한 종합부동산세액 산정

구 분	일 반		1세대 1주택자
과세표준	(주택의 공시가격합계액 − 9억원) × 공정시장가액비율(60%)		(주택의 공시가격 합계 − 9억원 − 3억원) × **공정시장가액비율**(60%)
세 율	**2주택 이하** ⇨ 0.5%~2.7% **누진세율**		
	3주택 이상 ⇨ 0.5%~5% **누진세율**		
	법 인	**2주택 이하** ⇨ 2.7%	
		3주택 이상 ⇨ 5%	
공 제	주택분 종합합산 과세표준금액에 대하여 주택분재산세액으로 부과된 세액은 주택분 종합합산세액에서 공제한다.		

⑶ 1세대 1주택

"1세대 1주택자"란 세대원 중 1명만이 주택분 재산세 과세대상인 1주택만을 소유한 경우로서 그 주택을 소유한 거주자를 말한다. 이 경우 다가구주택은 1주택으로 본다.

① 주택 수 계산

㉠ 1주택을 여러사람이 **공동으로 소유**한 경우 ⇨ 공동소유자 **각자가** 그 주택을 소유한 것으로 본다.

㉡ 다가주택 ⇨ 1주택으로 본다.

㉢ 1주택과 다른 주택의 부수토지를 함께 소유한 경우는 1세대 1주택자로 본다.

㉣ 1주택과 다음의 어느 하나에 해당하는 **상속주택**을 함께 소유한 경우에는 1세대 1주택자로 본다.

　ⓐ 과세기준일 현재 상속개시일부터 5년이 경과하지 않은 상속주택

　ⓑ 지분율이 100분의 40 이하인 상속주택

　ⓒ 지분율에 상당하는 공시가격이 6억원(수도권 밖의 지역에 소재하는 주택의 경우에는 3억원) 이하인 상속주택

㉤ 일시적 2주택의 경우 : 1세대 1주택자가 1주택을 양도하기 전에 다른 주택을 대체 취득하여 일시적 2주택이 된 경우로 과세기준일 현재 **신규주택 취득일로부터 3년이 경과되지 아니**한 경우에는 **1세대 1주택자**로 본다.

㉥ 지방저가주택 : 1주택과 **공시가액 3억원 이하의 지방 저가주택**을 함께 소유하고 있는 경우에는 **1세대 1주택자**로 본다.

> ☑ 지방저가 주택 : 다음 각 호의 요건을 모두 충족하는 1주택을 말한다.
> 1. 공시가격이 3억원 이하일 것
> 2. 수도권 밖의 지역으로서 다음 각 목의 어느 하나에 해당하는 지역에 소재하는 주택일 것
> 　① 광역시 및 특별자치시가 아닌 지역
> 　② 광역시에 소속된 군
> 　③ 「세종특별자치시 설치 등에 관한 특별법」 제6조 제3항에 따른 읍·면

㉦ 배우자와 공동명의 1세대 1주택 신청한 경우에는 1세대 1주택자로 본다.

> **상속주택, 일시적 2주택, 지방 저가주택, 부부 공동명의 1주택** ⇨ 당해 연도 **9월 16일부터 9월 30일까지** 관할세무서장에게 **신청**하여야 한다.

　주의 혼인에 의한 2주택, 노부모봉양에 의한 2주택은 1주택을 신청하지 아니한다.

◎ 세액공제

연령 세액공제	보유 세액공제
만 60세 이상 + 1세대 1주택자	**5년 이상 보유 + 1세대 1주택자**
• 60세 이상~65세 미만 : 20% • 65세 이상~70세 미만 : 30% • 70세 이상 : 40% **암기** 5년 간격 2. 3. 40 연령	• 보유 5년 이상~10년 미만 : 20% • 보유 10년 이상~15년 미만 : **40%** • 보유 15년 이상 : 50% **암기** 5년 간격 **이 사 오** 시면 보유
연령세액공제와 보유세액공제는 중복적용(합계 80% 범위)	

7 세부담상한

(1) 직전년도에 당해 주택, 토지에 부과된 종합합산·별도합산과세대상인 토지에 대한 총세액상당액으로서 100분의 150을 초과하는 경우에는 그 초과하는 세액에 대하여는 이를 없는 것으로 본다.

(2) 주택의 세부담상한

개인 2주택 소유	직전년도에 당해 주택에 부과된 주택에 대한 총세액상당액으로서 100분의 150을 초과하는 경우에는 그 초과하는 세액에 대하여는 이를 없는 것
법인 2주택 소유	세부담상한 없음
3주택 이상 (법인 포함)	직전년도에 당해 주택에 부과된 주택에 대한 총세액상당액으로서 100분의 150을 초과하는 경우에는 그 초과하는 세액에 대하여는 이를 없는 것

문 100선

01 다음 중 종합부동산세의 과세대상에 해당하는 것은 모두 몇 개인가?

> ㉠ 지방세법상의 고급주택
> ㉡ 공장용 건축물
> ㉢ 1990년 5월 31일 이전부터 소유(1990년 6월 1일 이후에 해당 임야를 상속받아 소유하는 경우와 법인합병으로 인하여 취득하여 소유하는 경우를 포함한다)하는 종중이 소유하고 있는 임야
> ㉣ 골프장용 부속토지
> ㉤ 가정어린이집
> ㉥ 일반사업용 건축물
> ㉦ 고급오락장용 건축물
> ㉧ 건축물이 없는 나대지, 잡종지

① 1개   ② 2개
③ 3개   ④ 4개
⑤ 5개

정답 ②

해설 종합부동산세의 과세대상에 해당하는 것은 ㉠㉧이다.

02 종합부동산세에 대한 설명 중 옳은 것은?

① 종합부동산세의 과세기준일은 지방세법상 재산세의 과세기준일과 동일하다.

② 재산세는 세부담상한제도를 두고 있으나, 종합부동산세는 세부담상한제도를 두고 있지 아니하다.

③ 종합부동산세는 분납제도를 두고 있지 아니하다.

④ 종업원의 주거에 제공하기 위한 기숙사 및 사원용 주택, 주택건설사업자가 건축하여 소유하고 있는 미분양주택, 가정어린이집용 주택을 보유한 납세의무자는 해당 연도 12월 1일부터 12월 15일까지 대통령령으로 정하는 바에 따라 납세지 관할세무서장에게 해당 주택의 보유현황을 신고하여야 한다.

⑤ 종합부동산세는 납세지는 부동산 소재지이다.

정답 ①

해설 ② 재산세, 종합부동산세 세부담상한제도를 두고 있다.

③ 종합부동산세는 분납제도를 두고 있다. 허나, 물납은 없다.

④ 종업원의 주거에 제공하기 위한 기숙사 및 사원용 주택, 주택건설사업자가 건축하여 소유하고 있는 미분양주택, 가정어린이집용 주택을 보유한 납세의무자는 해당 연도 9월 16일부터 9월 30일까지 대통령령으로 정하는 바에 따라 납세지 관할세무서장에게 해당 주택의 보유현황을 신고하여야 한다.

⑤ 종합부동산세는 납세지는 거주자의 주소지이다.

03 종합부동산세법상 종합부동산세에 관한 설명으로 틀린 것은 몇 개인가?

> ㉠ 별도합산과세대상인 토지에 대한 종합부동산세의 세액은 과세표준에 0.5%~0.8%의 세율을 적용하여 계산한 금액으로 한다.
>
> ㉡ 과세기준일 현재 만 75세 이상인 자가 보유하고 있는 종합부동산세과세대상인 1세대 1주택에 대하여는 산출된 세액에서 100분의 50의 연령별 공제율을 곱한 금액으로 연령에 따른 세액공제 한다.
>
> ㉢ 단독 소유 1세대 1주택자 중 17년 보유한 자에 대해서는 산출된 세액에서 100분의 40의 보유기간별 공제율을 곱한 금액을 보유기간 세액공제로 한다.
>
> ㉣ ㉡㉢은 공제율 합계 100분의 70의 범위에서 중복하여 적용할 수 있다.
>
> ㉤ 관할세무서장은 납부하여야 할 종합부동산세의 세액을 결정하여 당해연도 12월 16일부터 12월 31일까지 부과·징수한다. 관할세무서장은 종합부동산세를 징수하고자 하는 때에는 납세고지서에 주택 및 토지로 합산한 과세표준과 세액을 기재하여 납부기간 개시 5일 전까지 발부하여야 한다.
>
> ㉥ 정부부과에도 불구하고 종합부동산세를 신고납부방식으로 납부하고자하는 납세의무자는 해당년도 12월 16일부터 12월 31일까지 하여야 한다. 이 경우 정부의 결정은 없었던 것으로 본다.

> ㉚ 납세의무자가 2주택을 소유한 경우 해당년도에 납부하여야 할 주택분 재산세액상당액과 주택분 종합부동산세액상당액의 합계액("주택에 대한 총세액상당액")이 직전년도에 해당 주택에 부과된 주택에 대한 총세액상당액의 100분의 200을 초과하는 경우에는 그 초과세액은 없는 것으로 본다.
> ◎ 과세기준일 현재 주택분 재산세의 납세의무자로서 국내에 있는 재산세 과세대상인 주택의 공시가격을 합산한 금액이 6억원을 초과하는 자는 종합부동산세를 납부할 의무가 있다.
> ㉛ 종합합산과세대상인 토지에 대한 종합부동산세의 과세표준은 납세의무자별로 해당 과세대상 토지의 공시가격을 합산한 금액에서 5억원을 공제한 금액으로 한다.

① 모두 틀리다.　　　　② 8개　　　　③ 5개
④ 7개　　　　⑤ 4개

정답 ①

해설 모두 틀린 지문이다.
> ㉠ 별도합산과세대상인 토지에 대한 종합부동산세의 세액은 과세표준에 0.5%~0.7%의 세율을 적용하여 계산한 금액으로 한다.
> ㉡ 과세기준일 현재 만 75세 이상인 자가 보유하고 있는 종합부동산세과세대상인 1세대 1주택에 대하여는 산출된 세액에서 100분의 40의 연령별 공제율을 곱한 금액으로 연령에 따른 세액공제 한다.
> ㉢ 단독 소유 1세대 1주택자 중 17년 보유한 자에 대해서는 산출된 세액에서 100분의 50의 보유기간별 공제율을 곱한 금액을 보유기간 세액공제로 한다.
> ㉣ 연령의 세액공제와 보유세액공제는 중복이 가능하며, 범위는 합계 100분의 80의 범위에서 중복하여 적용할 수 있다.
> ㉤ 관할세무서장은 납부하여야 할 종합부동산세의 세액을 결정하여 당해연도 12월 1일부터 12월 15일까지 부과·징수한다. 관할세무서장은 종합부동산세를 징수하고자 하는 때에는 납세고지서에 주택 및 토지로 구분한 과세표준과 세액을 기재하여 납부기간 개시 5일 전까지 발부하여야 한다.
> ㉥ 정부부과에도 불구하고 종합부동산세를 신고납부방식으로 납부하고자하는 납세의무자는 해당년도 12월 1일부터 12월 15일까지 하여야 한다. 이 경우 정부의 결정은 없었던 것으로 본다.
> ㉚ 납세의무자가 2주택을 소유한 경우 해당년도에 납부하여야 할 주택분 재산세액상당액과 주택분 종합부동산세액상당액의 합계액("주택에 대한 총세액상당액")이 직전년도에 해당 주택에 부과된 주택에 대한 총세액상당액의 100분의 150을 초과하는 경우에는 그 초과세액은 없는 것으로 본다.
> ◎ 주택은 공시가액 합산금액이 9억원을 초과하는 자에게 납세의무를 부여한다.
> ㉛ 종합합산과세대상인 토지에 대한 종합부동산세의 과세표준은 납세의무자별로 해당 과세대상토지의 공시가격을 합산한 금액에서 5억원을 공제한 금액에 공정시장가액비율(100%)을 곱한 가액으로 한다.

04 과세기준일 현재 65세인 1세대 1주택자로서 해당 주택을 5년 보유한 자는 연령별 세액공제와 보유 세액공제는 합하여 산출세액의 50%를 공제받는다. (○, ×)

정답 ×

해설 과세기준일 현재 65세인 1세대 1주택자로서 해당 주택을 5년 보유한 자는 연령별 세액공제와 보유 세액공제는 합하여 산출세액의 40%를 공제받는다.

출제빈도 제20회, 제22회, 제23회, 제24회, 제25회, 제31회, 제33회, 제34회, 제35회

제1절 소득세의 개요

1 개인에게 1과세기간 내에서 발생한 이자소득·배당소득·근로소득·사업소득·연금소득·기타소득은 그 개인에 발생한 다른 소득과 합산하여 종합소득세로 과세한다.

2 분류과세

① 양도소득, 퇴직소득은 다른 소득과 합산하지 아니하고 각 따로 구분계산하여 과세하는 분류과세를 택하여 과세된다.

> **주의** 양도소득은 다른 소득과 합산하지 않고 구분과세하는 분류과세를 채택하고 있다.

② 납세의무 성립 : 과세기간이 끝나는 때 납세의무가 성립된다. 예정신고의 경우는 과세표준이 되는 금액이 발생한 달의 말일에 납세의무가 성립된다.

③ 납세의무의 확정 : 납세의무자의 신고에 세액이 확정된다. 신고하지 아니한 경우 세무서장이 세액을 결정하여 고지서발부로 징수한다.

제2절 부동산임대업에 대한 사업소득(미등기인 경우 과세)

1. 부동산과 부동산상의 권리(지상권과 지역권 포함)대여로 인해 발생한 소득은 부동산임대소득이다.
   (제23회, 제28회, 제31회, 제35회 기출)
   ☑ 공익사업과 관련된 지역권·지상권의 설정·대여소득은 기타소득으로 다른 소득과 합산한다.
2. 공장재단 또는 광업재단의 대여로 인해 발생한 소득은 부동산임대소득이다. (제35회 기출)
3. 자기소유의 부동산을 타인의 담보물로 사용케 하고 받는 계가로 인해 발생한 소득은 부동산임대소득이다.
   (제23회 기출)

---

4. 광고용으로 토지·가옥의 옥상 또는 측면을 사용케 하고 받는 대가로 인해 발생한 소득은 부동산임대소득이다.
5. 부동산 매매업자 또는 건설업자가 판매를 목적으로 취득한 토지 등의 부동산을 일시적으로 대여하고 얻은 소득은 부동산임대소득이다.

(1) 부동산임대소득의 비과세

① 전답을 **작물생산에 이용하게 함**으로 발생하는 소득 ⇨ **비과세**
  ☑ 전답을 작물생산이 아닌 다른 용도(주차장·하치장 등)로 이용하게 하고 받는 소득은 과세

② 비과세되는 주택의 임대소득
  1개의 주택을 소유하는 자가 해당 주택을 임대하고 지급받는 소득은 비과세
  ㉠ 국외에 소재하는 주택의 임대소득은 **주택 수에 관계없이** 과세한다.
  ㉡ 고가주택
  "고가주택"이란 과세기간 종료일 **기준시가 12억원을 초과**하는 주택
  주의 1주택으로 고가주택의 임대인 경우 사업소득으로 과세(전세금은 과세하지 않고, 월세에 대해 과세)

③ **주택수 계산**

  ㉠ 다가구주택은 1개의 주택(구분 등기 – 각각)
  ㉡ 공동소유의 주택은 지분이 가장 큰 자의 소유(고가주택은 각자)
  ㉢ 본인과 배우자가 각각 주택을 소유 – 합산

(2) **부동산임대소득금액**

부동산임대소득금액 = 당해연도의 총수입금액 – 필요경비

① 총수입금액 ⇨ 월세수령액 + 간주임대료 + 관리비

  ㉠ 부동산임대소득의 수입시기
    ⓐ 지급일이 정하여 진 것은 **정하여진 날**
    ⓑ 지급일이 정하여지지 아니한 것은 그 지급을 받은 날

  ㉡ 임대료 이외의 관리비를 받는 경우에는 이를 총수입금액에 산입
  ㉢ 부동산임대소득이 있는 거주자가 해당 사업용 자산의 손실로 취득하는 **보험차익은 총수입금액에 산입**

② 중요 **간주임대료**

  ㉠ 상가보증금은 월세로 간주하여 간주임대료로 총수입금액에 산입한다.
  ㉡ **3주택 + 보증금 합계액이 3억원 초과의 경우를 제외한 주택**의 전세금은 **간주임대료로 과세하지 않는다**(주택은 월세 과세).

☑ 간주임대료 계산할 때 **공제되는** 임대사업부문에서 발생한 **금융수익은** 수입이자와 할인료 및 배당금의 합계액을 말한다. 여기에는 유가증권의 처분이익은 포함되지 않는다.

③ **결손금 공제**

해당 과세기간의 **주거용 건물 임대업을 제외**한 부동산임대업에서 발생한 결손금은 그 과세기간의 종합소득과세표준을 계산할 때 공제하지 않는다. ⇨ **주거용 건물 임대업에서 발생한 결손금은 종합소득과세표준을 계산할 때 공제한다.**

④ 주택 임대업에서 발생한 수입금액의 과세하는 방법

> 해당 과세기간에 <u>주거용 건물</u> **임대업**에서 발생한 **수입금액의 합계액이 2천만원 이하인 자**의 <u>주거용</u> 임
> 대소득은 종합과세와 <u>14% 분리과세</u> 중 하나를 선택하여 적용. 다른 소득과 합산하여 종합소득으로 다음
> 연도 5월 1일~5월 31일까지 신고한다,

문 100선

01 다음은 소득세법의 부동산 임대업의 사업소득의 설명이다. 옳은 것은?

① 3주택 이상을 소유한 거주자가 주택과 주택부수토지를 임대한 경우에는 법령으로 정하는 바에 따라 계산한 금액(간주임대료)을 총수입금액에 산입한다.

② 주택 2채를 소유한 거주자가 1채는 월세계약으로 나머지 1채는 전세계약의 형태로 임대한 경우, 월세계약에 의하여 받은 임대료에 대해서만 소득세가 과세된다.

③ 공익사업과 관련하여 지역권을 대여함으로 발생하는 소득은 부동산업에서 발생하는 소득으로 한다.

④ 주택 1채만을 소유한 거주자가 과세기간 종료일 현재 기준시가 13억원인 해당 주택을 전세금을 받고 임대하여 얻은 소득에 대해서는 소득세가 과세한다.

⑤ 주택임대로 인하여 발생하는 소득에 대한 총수입금액의 수입할 시기는 계약에 의하여 지급일이 정하여진 경우, 그 월세 수령일로 한다.

정답 ②

해설 ① 3주택 이상을 소유한 거주자가 주택과 주택부수토지를 임대한 경우에 보증금의 합계액이 3억원을 초과할 때 법령으로 정하는 바에 따라 계산한 금액(간주임대료)을 총수입금액에 산입한다.

③ 공익사업과 관련하여 지역권을 대여함으로 발생하는 소득은 부동산업에서 발생하는 소득으로 보지 아니한다.

④ 1주택으로 고가주택을 임대한 경우 과세인데 월세 과세한다.

⑤ 주택임대로 인하여 발생하는 소득에 대한 총수입금액의 수입할 시기는 계약에 의하여 지급일이 정하여진 경우, 정해진 날로 한다.

02 소득세법령상 거주자의 부동산과 관련된 사업소득에 관한 설명으로 옳은 것은?　　제35회

① 해당 과세기간의 종합소득금액이 있는 거주자(종합소득과세표준이 없거나 결손금이 있는 거주자를 포함한다)는 그 종합소득 과세표준을 그 과세기간의 다음 연도 5월 1일부터 5월 31일까지 대통령령으로 정하는 바에 따라 납세지 관할 세무서장에게 신고하여야 하며, 해당 과세기간에 분리과세 주택임대소득이 있는 경우에도 이를 적용한다.

② 공장재단을 대여하는 사업은 부동산임대업에 해당되지 않는다.

③ 해당 과세기간의 주거용 건물 임대업을 제외한 부동산임대업에서 발생한 결손금은 그 과세기간의 종합소득과세표준을 계산할 때 공제한다.

④ 「공익사업을 위한 토지 등의 취득 및 보상에 관한 법률」 제4조에 따른 공익사업과 관련하여 지역권을 설정함으로써 발생하는 소득은 부동산업에서 발생하는 소득에 해당한다.

⑤ 사업소득에 부동산임대업에서 발생한 소득이 포함되어 있는 사업자는 그 소득별로 구분하지 않고 회계처리하여야 한다.

정답 ①

해설 ② 공장재단을 대여하는 사업은 부동산임대업에 해당된다(소득세법 제45조 제2항 제2호).

③ 해당 과세기간의 주거용 건물 임대업을 제외한 부동산임대업에서 발생한 결손금은 그 과세 기간의 종합소득과세표준을 계산할 때 공제하지 아니한다(소득세법 제45조 제2항).

④ 「공익사업을 위한 토지 등의 취득 및 보상에 관한 법률」 제4조에 따른 공익사업과 관련하여 지역권을 설정함으로써 발생하는 소득은 부동산업에서 발생하는 소득에 해당하지 아니하고 기타소득에 해당한다(소득세법 제21조 제1항 제9호).

⑤ 사업소득에 부동산임대업에서 발생한 소득이 포함되어 있는 사업자는 그 소득별로 구분하여 회계처리하여야 한다(소득세법 제160조 제4항).

양도소득세

제1절 양 도

소득세는 열거주의에 의해 과세되어 열거된 과세대상물을 양도한 경우 양도소득세가 과세된다. 이는 민법과 연결된 내용으로 민법적 내용을 고찰하여 이해하여 숙지하여야 한다.

1 양도의 의의

① 양도란 과세대상물을 등기·등록에 관계없이 매도·교환·현물출자·대물변제·경매·수용·부담부증여 등으로 인하여 그 자산이 유상으로 사실상 이전되는 것을 말한다.

> ㉠ 소유권 이전한 자는 개인이어야 한다.
> ㉡ 과세대상물 + 유상 + 사실상 소유권 이전

② 양도소득은 고정자산(사용되는 자산)의 보유이득이 양도에 의하여 일시에 실현된 것을 과세. 만약 판매 목적으로 보유된 자산을 양도한 경우는 사업 소득으로 다른소득과 합산하여 종합소득세 과세한다.

문제풀이 요령 양도소득세 문제에서.. **"판매목적"..**을 개별적 문제 key로 사업소득으로 **종합소득세 과세한다.**

2 양도소득세의 과세대상물

(1) **사용되는 자산으로서 부동산**(토지, 건물)
  ① 무체재산권(광업권, 어업권, 영업권) ⇨ ×
  ② 준 부동산(차량·기계장비·항공기·선박) ⇨ ×

(2) **부동산의 권리**
  ① 지상권
  ② 전세권
  ③ 등기된 부동산임차권

문제풀이 요령 **지역권**은 양도소득세 과세가 아니며, **임차권**은 꼭 **등기된** 경우에 한한다.

> ④ 부동산을 취득할 수 있는 권리
> > ㉠ 아파트분양권
> > ㉡ 조합원입주권
> > ㉢ 토지상환채권·주택상환사채
> > ㉣ 부동산매매계약을 체결한 자가 계약금만 지급 상태에서 양도하는 권리

⑶ 대주주의 상장주식
⑷ 비상장주식(= 장외거래) ⇨ 대주주, 소액주주

> **│ 문제풀이 요령 │** 주식은 상장주식의 소액주주만 과세하지 않고, 나머지의 주식에 대해서는 과세한다.

⑸ 파생상품

⑹ 기타 자산

> ① 소유주식수 50% + 부동산차지비율 50% + 양도 50%
> ② 휴양업법인 + 부동산차지비율 80% + 1주식 양도
> ③ 특정시설물 이용·회원권
> ④ 사업용 고정자산과 **함께** 양도하는 영업권
> ⑤ 토지·건물과 **함께** 양도하는 이축권(해당 이축권 가액을 대통령이 정하는 방법에 따라 **별도로 평가**
>   하여 신고한 경우는 **제외**

> **│ 문제풀이 요령 │** 양도소득세의 문장에서,,,**"이용"** 또는 **"회원권"** 단어가 있으면 과세대상, 영업권과 이축권이
> 나오는 문장에서 **"함께"**라는 단어가 있으면 과세 대상이다. 영업권과 이축권이 나오는 문장에서 **"함께"**라는
> 단어가 없으면 무체재산권으로 과세대상이 아니다.

⑺ 신탁수익권

신탁수익권의 양도를 통하여 신탁재산에 대한 **지배·통제권이 사실상 이전**되는 경우는 신탁재산
자체의 **양도로 본다.**

> **주의** 위탁자와 수탁자 간 신임관계에 기하여 위탁자의 자산에 **신탁**이 설정되고 그 신탁재산의 소유권이 수탁
> 자에게 이전된 경우로서 **위탁자가** 신탁 설정을 해지하거나 신탁의 수익자를 변경할 수 있는 등 신탁재산을
> **실질적으로 지배하고 소유**하는 것으로 볼 수 있는 경우는 **양도로 보지 아니한다.**

> **│ 문제풀이 요령 │** 양도소득세의 양도문제에서....**신탁**이란 단어가 있든지..위탁자가 ...실질적 지배 ..이 말이 있
> 으면 양도가 아니다.

문 100선

01 당해 자산의 양도차익에 대하여 양도소득세가 과세되지 아니한 것으로 묶은 것은?

> ㉠ 토지·건물
> ㉡ 지상권, 전세권
> ㉢ 부동산을 취득할 수 있는 권리
> ㉣ 대주주의 상장주식
> ㉤ 사업용 고정자산과 함께 양도하는 영업권
> ㉥ 주주회원권
> ㉦ 골프장
> ㉧ 지역권
> ㉨ 부동산 임차권
> ㉩ 주택채권
> ㉪ 해당 이축권 가액을 대통령령으로 정하는 방법에 따라 별도로 평가하여 신고하는 경우의 개발
>   제한구역의 지정 및 관리에 관한 특별조치법 제12조 제1항 제2호 및 제3호의2에 따른 이축을
>   할 수 있는 권리의 양도로 발생하는 소득
> ㉫ 신탁 수익권의 양도를 통하여 신탁재산에 대한 지배·통제권이 사실상 이전되는 경우

① ㉦, ㉨, ㉩, ㉪ 　　　　② ㉠, ㉡, ㉢
③ ㉣, ㉤, ㉥ 　　　　④ ㉧, ㉦
⑤ ㉨, ㉩

정답 ①

02 위탁자와 수탁자 간 신임관계에 기하여 위탁자의 자산에 신탁이 설정되고 그 신탁재산의
소유권이 수탁자에게 이전된 경우로서 위탁자가 신탁 설정을 해지하거나 신탁의 수익자를
변경할 수 있는 등 신탁재산을 실질적으로 지배하고 소유하는 것으로 볼 수 있는 경우는
양도로 보지 아니한다. (○, ×)

정답 ○

③ 양도에 해당되는 경우

(1) 매도·매각

(2) **교환**(쌍방 모두 과세대상물에 해당되면, 쌍방 과세)

> **주의** 교환계약이 **취소**되었으나 선의의 제3취득자로 인해 소유권이전등기를 환원하지 못하는 경우는 양도에 **해당하지 아니**한다.
> **주의** 토지의 경계를 합리적으로 바꾸기 위해 "공간정보 구축 및 관리 등에 관한 법률에 따른 토지의 분할 등 대통령령으로 정하는 방법과 절차로 하는 토지의 교환"은 양도가 아니다.
>
> > "「공간정보의 구축 및 관리 등에 관한 법률」에 따른 토지의 분할 등 대통령령으로 정하는 방법과 절차로 하는 토지 교환"이란 다음 각 ① + ②의 요건을 모두 충족하는 토지 교환을 말한다.
> > ① 토지 이용상 불합리한 **지상(地上) 경계(境界)를 합리적으로 바꾸기 위**하여 「공간정보의 구축 및 관리 등에 관한 법률」이나 그 밖의 법률에 따라 토지를 분할하여 **교환**할 것
> > ② ①에 따라 분할된 토지의 전체 면적이 분할 전 토지의 전체 면적의 100분의 20을 초과하지 아니할 것

> **┃ 문제풀이 요령 ┃** **토지경계변경, 취소가** 있는 문장에서 <u>교환</u>이란 단어가 있는 문장은 **양도가 아니다**. 교환이 **있는** 문장에서 토지의 **경계변경, 취소가** 없으면 **양도이다**. **주의** 토지 합필목적으로 한 교환 ⇨ 양도

(3) **대물변제**

> ① 대물변제의 유형
> ㉠ 이혼 당사자 일방이 **위자료 지급**에 갈음하여 양도소득세 과세대상물의 소유권을 이전하는 경우
> ㉡ 임의**공매 또는 경매**절차에 의하여 부동산에 대한 경락 허가결정이 확정되고 그 대금이 완납된 것이라면 양도소득세 과세대상인 **양도에 해**당한다.
> > **주의** 다만, 소유자산을 **경매·공매**로 인하여 <u>자기가 재취득</u>하는 경우에는 **양도로 보지 아니**한다(「소득세법」 기본통칙 88-0…1).
> ㉢ 물납은 조세채무에 대하여 금전이 아닌 부동산 등으로 납부하는 것으로 대물변제로 보아 양도에 해당한다.

(4) 현물출자

(5) 수 용

(6) **부담부 증여**: 수증자(증여를 받는 자)가 **증여자의 채무를 부담**하는 조건으로 증여를 받는 것을 말한다.

> ① 증여자의 채무를 수증자가 인수하는 경우에는 증여가액 중 그 **채무액**에 해당하는 부분은 그 자산이 **유상으로 사실상 이전**되는 것으로 보아 증여자에게 **양도소득세를 과세**한다.
> ② **채무인수 이외의 나머지** 재산에 대하여는 유상이전이 되지 않았기 때문에 **증여로 보아** 수증자에게 증여세를 과세한다.

> **주의** 배우자 또는 직계존비속 간에 양도하는 경우

> 1. **배우자 또는 직계존비속 간**에 부동산을 이전하는 경우에는 실질적인 대가관계에 의문이 따르기 때문에 그 재산에 대하여는 **증여로 추정**되는 것이나, 그 **대가를 지출한 사실이 입증**되는 경우에는 **양도로** 본다(양도소득세 집행기준 88-151-6).

2. 대가를 지출한 사실이 입증되는 경우(「상속세 및 증여세법」 제44조 제3항)
　① 법원의 결정으로 경매절차에 따라 처분된 경우
　② 파산선고로 인하여 처분된 경우
　③ 「국세징수법」에 따라 공매(公賣)된 경우
　④ 배우자 등에게 대가를 받고 양도한 사실이 명백히 인정되는 경우로서 다음의 어느 하나에 해당하는 경우
　　㉠ 권리의 이전이나 행사에 등기 또는 등록을 요하는 재산을 서로 교환한 경우
　　㉡ 당해 재산의 취득을 위하여 소유재산을 처분한 금액으로 그 대가를 지급한 사실이 입증되는 경우

> **│ 문제풀이 요령 │** "**배우자 간·직계존비속 간**"을 개별적 문제key로 잡고 뒤에 ..대가입증,,파산선고,,교환,,
> 경·공매 단어가 있으면 유상이전으로 양도이다. 없으면 증여 추정으로 수증자가 채무를 인수하지 않은 것으로 추정한다.

> 배우자 간 또는 직계존비속 간의 부담부증여는 증여 **추정**
> **배우자간 또는 직계존비속간의 부담부증여**인 경우 채무액은 수증자에게 인수하지 않은 것으로 추정하여
> 수증자가 증여재산가액 전체에 대해 증여세 납부한다.

④ 양도로 보지 아니한 경우

(1) **무상이전**: 무상으로 이전되는 상속 또는 증여는 양도에 해당하지 않는다.

(2) **신탁으로 인한 소유권이전**

> **│ 문제풀이 요령 │** ,,,,명의신탁 및 신탁해지... ⇨ 양도 ✕
>
> 양도소득세의 양도문제에서....**신탁**이란 단어가 있던지..위탁자가 ...실질적 지배..이 말이 있으면 양도가
> 아니다.
>
> **주의** **신탁 수익권의 양도로** 신탁재산에 대한 **지배권이 사실상 이전**되는 경우는 양도에 해당한다.

(3) **양도담보**

양도담보는 실질적으로 담보이전이므로 **양도소득세가 과세되지 아니**한다.

> **주의** **양도담보**계약을 체결한 후 **그 요건에 위배**하거나 **채무불이행**으로 인하여 당해 자산을 변제에 충당한
> 때에는 그 때에 이를 **양도한 것**으로 본다(「소득세법 시행령」 제152조 제2항). 이 경우 양도자는 양도담보권자
> 가 아닌 채무자가 된다.

(4) 공유물 분할(「소득세법」 기본통칙 88-0…1)

① 양도로 보지 않는 경우	㉠ 이혼으로 인하여 혼인 중에 형성된 부부공동재산을 「민법」 제839조의2에 따라 **재산 분할**하는 경우에는 **양도로 보지 아니**한다.
	㉡ 공동소유의 토지를 소유지분별로 단순히 **분할**하거나 공유자**지분 변경 없이** 2개 이상의 공유토지로 분할하였다가 그 공유토지를 소유지분별로 단순히 재분할하는 경우에는 양도로 보지 아니한다.
② 양도인 경우	공동소유의 토지를 소유지분별로 **분할**하면서 그 공유**지분이 변경**(지분의 감소)되면서 대가관계가 있는 경우에는 유상이전으로 보아 **양도로** 본다.

(5) 환지처분 및 보류지 충당

① 양도로 보지 않는 경우	「도시개발법」이나 그 밖의 법률에 따른 환지처분으로 지목 또는 지번이 변경되거나 **보류지로 충당**되는 경우에는 **양도로 보지 아니**한다(「소득세법」 제88조).
② 양도인 경우	㉠ 토지소유자가 도시개발사업 등으로 **환지받은 토지를 양도**하거나 도시개발사업 시행자가 공사대금으로 취득한 **보류지를 양도**하는 경우에는 과세대상 **양도에 해당**한다.
	㉡ 환지처분시 교부받은 토지의 면적이 **환지처분에 의한 권리면적보다 감소**되어 감소된 면적에 대해 금전적으로 보상을 받은 경우에는 **양도로** 본다.

(6) 소유권 환원

① 양도가 아닌 경우	㉠ 매매계약체결 후 **잔금청산 전**에 매매**계약의 해제**로 원소유자에게 소유권을 환원한 경우 **양도로 보지 아니**한다.
	㉡ **매매원인 무효의 소**에 의하여 그 매매사실이 원인무효로 판시되어 환원될 경우에는 **양도로 보지 아니**한다(「소득세법」 기본통칙 88-0…1).
② 양도인 경우	원인무효 등의 사유가 아닌 **적법하게** 성립한 계약이 당사자 간의 합의해제로 당초 소유자에게 환원된 경우에는 이를 또 다른 **양도로 본다.**

문 100선

01 소득세법상 양도소득세 과세대상이 아닌 것은?

> ㉠ 「도시개발법」에 따라 토지의 일부가 보류지로 충당되는 경우
> ㉡ 지방자치단체가 발행하는 토지상환채권을 양도하는 경우
> ㉢ 이혼으로 인하여 혼인 중에 형성된 부부공동재산을 「민법」 제839조의2에 따라 재산 분할하는 경우
> ㉣ 개인이 토지를 법인에 현물출자하는 경우
> ㉤ 주거용 건물건설업자가 당초부터 판매할 목적으로 신축한 다가구주택을 양도하는 경우
> ㉥ 법원의 확정판결에 의한 이혼위자료로 배우자에게 토지의 소유권을 이전하는 경우
> ㉦ 부동산을 동등가치로 대금수수가 없이 상호교환하는 경우
> ㉧ 매매원인 무효의 소에 의하여 그 매매사실이 원인무효로 판시되어 환원될 경우
> ㉨ 채권담보목적으로 소유권이전등기하였다가 담보사유소멸로 환원된 경우
> ㉩ 명의신탁이 해지되어 신탁자의 명의로 소유권이전 등기가 경료 된 경우
> ㉪ 배우자간 또는 직계존비속간의 부담부증여의 경우
> ㉫ 배우자 또는 직계존비속이 아닌 자 간의 부담부증여에 있어서 수증자가 증여자의 채무를 인수하는 경우 그 채무액 상당부분

① ㉠, ㉡, ㉢
② ㉠, ㉢, ㉤, ㉧, ㉨, ㉩, ㉪
③ ㉡, ㉢, ㉣
④ ㉡, ㉣, ㉤
⑤ ㉢, ㉣

정답 ②
해설 ㉠, ㉢, ㉤, ㉧, ㉨, ㉩, ㉪은 양도가 아니다.

02 시설물을 배타적으로 이용하거나 일반이용자에 비하여 유리한 조건으로 시설물을 이용할 수 있는 권리가 부여된 주식의 양도로 인하여 발생하는 소득은 양도소득세 과세한다. (○, ×)

정답 ○

03 토지 이용상 불합리한 지상(地上) 경계(境界)를 합리적으로 바꾸기 위하여 공간정보의 구축 및 관리 등에 관한 법률에 따라 토지를 분할하여 교환한 경우는 양도소득세 과세한다(분할된 토지의 전체 면적이 분할 전 토지의 전체 면적의 100분의 20을 초과하지 아니한 경우이다).
(○, ×)

정답 ×
해설 양도로 보지 아니한다.

04 「소득세법 시행령」 제151조 제1항에 따른 양도담보 계약을 체결한 후 채무불이행으로 인하여 당해 자산을 변제에 충당한 때는 양도로 보지 아니 한다. (○, ×)

> **정답** ×
> **해설** 양도이다.

제2절 양도소득세 비과세

> **출제빈도** 제11회, 제14회, 제15회, 제16회, 제18회, 제22회, 제24회, 제27회, 제29회, 제33회, 제34회, 제35회

1 양도소득세 비과세

(1) 양도이나 양도소득세 과세되지 아니한 경우

① 파산선고에 의한 처분소득

② 농지의 교환(농지 차액이 고가농지의 4분의 1 **이하**인 경우)

③ 지적 재조사에 의해 **공부상 면적이 감소**된 경우로 받은 조정금액

④ 1세대 1주택의 양도

(2) 미등기양도에 해당하는 경우에는 원칙적으로 비과세를 적용하지 아니한다.

2 1세대 1주택 및 부수토지의 양도

(1) 1세대 1주택

> "1세대 1주택"이란 **1세대가** 양도일 현재 **국내에 1주택을 보유**하고 있는 경우로서 해당 주택의 **보유기간이 2년 이상**을 말한다. 단 조정지역내의 1주택의 경우는 2년 보유기간 중에 2년 거주를 갖춘 경우에 2년 보유된 것으로 본다.

1세대 1주택으로 비과세 조건	1세대 + 양도일 현재 국내 1주택 + 2년 이상 보유

(2) 1세대

① 1세대 : **거주자** 및 그 **배우자가** 그들과 **동일한 주소** 또는 거소에서 생계를 같이 하는 가족의 전원을 말한다.

> ㉠ 배우자에는 법률상 이혼하였으나, 생계를 같이 하는 등 사실상 이혼한 것으로 보기 어려운관계에 있는 경우는 배우자로 본다.
>
> ㉡ **비거주자가 국내의** 1주택을 2년 보유하고 양도한 경우 **과세**된다.

② 1세대를 구성하려면 배우자가 있어야 하는 것이 원칙이다. 다음 ㉠~㉢은 배우자가 없는 때에도 1세대로 본다.
  ㉠ 납세의무자의 연령이 30세 이상인 경우
  ㉡ 소득이 기준중위소득을 12개월로 환산한 금액0 40% 이상으로서 소유하고 있는 주택 또는 토지를 관리 유지하면서 독립된 생계를 유지할 수 있는 경우 : 미성년자의 경우는 세대로 보지 않으나, 미성년자의 결혼은 세대로 본다.
  ㉢ 배우자가 사망하거나 이혼한 경우

③ 비과세되는 1세대 1주택에 있어서 <u>부부가</u> 각각 단독세대를 구성하였을 경우에도 <u>동일한 세대로</u> 본다.
  ☑ 만약 문장에서 부부가 이혼한 경우 ⇨ 각각세대

(3) **양도시점의 국내의 1주택**

① 국내의 1주택을 소유하여야 하므로 **국외 주택은 주택 수에 포함하지 않고 과세**된다.
② 양도시점의 주택이므로 나대지로 양도한 경우 또는 상가로 양도한 경우는 과세된다.
③ 2개 이상의 <u>주택을 같은 날에 양도</u>하는 경우에는 당해 <u>거주자가 선택</u>하는 순서에 따라 주택을 양도한 것으로 본다.

④ '주택'이란 양도일 현재 주거용으로 사용되는 건물과 그 부수 토지를 말한다.
  ㉠ 주택부수토지 : 건물이 정착된 면적에 지역별로 대통령으로 정하는 배율을 곱하여 산정한 면적이내의 토지를 말한다.
  ㉡ 지역별 대통령으로 정하는 배율
    ⓐ <u>수도권내의 도시지역내 주거지역·상업지역 및 공업</u>지역내의 토지 : 3배
    ⓑ 수도권내의 도시지역내 녹지지역내의 토지, 수도권지역 밖 토지 : 5배
    ⓒ <u>그 밖의 토지(도시지역 밖)</u> : 10배
  ㉢ 주택부수토지가 기준면적을 초과하는 경우에는 그 <u>초과하는 면적에 대하여는 양도소득세가 과세</u>된다. ⇨ 이에는 무허가 정착면적을 포함한다.
    ☑ <u>주택인지 여부는 건축물 대장이나 등기부등본상의 용도에 관계없이 실질적인 용도에 따라 판단</u>한다.

◆ 주택 판정시의 구체적 사례

- 사용인의 기거를 위하여 <u>공장에 부수된 건물을 합숙소로 사용하고 있는 경우 당해 합숙소는 주택으로 보지 아니한다.</u>
- 관광용 숙박시설인 콘도미니엄은 <u>주택에 해당되지 아니한다.</u>
- 공부상의 주택인 1세대 1주택을 거주용이 아닌 <u>영업용 건물로 사용하다가 양도하는 때에는 1세대 1주택으로 보지 아니한다.</u>

⑤ 주택수 판정

㉠ **부부인 경우**	주택수를 합산한다.
㉡ **다가구주택의 경우**	한가구가 독립하여 거주할 수 있도록 **구획된 부문을 각각 하나의 주택**으로 본다.
	하나의 매매단위로 양도한 경우에는 그 **전체를 하나의 주택**으로 본다.
㉢ **공유주택**	1주택을 여러 사람이 **공동으로 소유**하는 경우에는 **각각 개개인**이 1주택을 소유하는 것으로 본다(상속으로 인한 공유주택 경우는 주된 소유자).
㉣ **겸용 주택**	<u>**주거부문이** 주거 이외보다 **클 때만 전부 주택**으로 본다</u>(고가주택은 주거부문만 주택).
	주거부문이 주거 이외보다 **적거나 같은** 경우는 **주거부문만 주택**이다.
㉤ **고가주택**	**실지거래가** 12억원 초과 주택을 말한다.
	1세대 1주택으로 고가주택의 양도의 경우는 실지거래가 12억원 초과의 양도차익에 대해 과세한다.
	☑ 부동산 **임대에 대한 사업소득**에서 비과세 제외되는 **고가주택은 기준시가 12억원 초과**를 말한다.
㉥ **입주권 · 분양권**	2021.1.1. 이후부터 주택수에 포함한다.

⑥ <u>1주택의 특례</u> ⇦ 2주택이나 1주택으로 보는 경우

㉠ **일시적으로 2주택이 된 경우**	국내에 1주택을 소유한 1 세대가 그 주택을 양도하기 전에 다른 주택을 취득(자기가 건 설하여 취득한 경우 포함한다) 함으로써 **일시적으로 2주택**이 된 경우 종전의 주택을 취득한 날부터 **1년 이상 지난 후** 다른 주택을 취득하고 그 다른 주택을 취득한 날부터 **3년 이내에 종전의 주택을 양도**하는 경우에는 이를 **1세대 1주택**
㉡ **혼인으로 세대를 합쳐서 2주택이 된 경우**	혼인한 날부터 **10년 이내에 먼저 양도하는 주택**은 이를 **1세대 1주택**
㉢ **직계존속의 동거봉양을 위한 1세대 2주택**	1주택을 보유하고 1세대를 구성하는 자가 1주택을 보유하고 있는 **60세 이상의 직계존속**(배우자의 직계존속을 포함하며, 직계존속 중 어느 한 사람이 60세 미만인 경우를 포함한다)**을 동거봉양하기 위**하여 세대를 합침으로써 1세대가 2주택을 보유하게 되는 경우 합친 날부터 **10년 이내에 먼저 양도하는 주택**은 이를 **1세대 1주택**으로 보아 비과세규정을 적용한다.
㉣ **수도권지역 밖 소재 주택과 일반주택의 1세대 2주택**	그 부득이한 사유 해소된 날로부터 **3년 내에 일반주택을 양도**하는 경우에는 1세대 **1주택**

⑩ 문화재주택과 일반주택의 1세대 2주택	
⑭ **상속받은 주택과 일반주택의** 1세대 2주택	**일반주택을 양도**하는 경우에는 국내에 1개의 주택을 소유하고 있는 것으로 보아 **1세대 1주택**
⊗ **농어촌주택과 일반주택의** 1세대 2주택	

다만, 농어촌 주택의 하나인 **귀농주택**에 대해서는 그 주택을 취득한 날부터 **5년 이내에 일반주택을 양도**하는 경우에 한정하여 적용한다.

◎ <u>**조합원입주권 · 분양권 ⇨ 주택수에 포함**</u>
    ↳ <u>**소유했던 종전주택 의미**</u>
ⓐ 조합원입주권을 1개 소유한 1세대가 당해 **조합원입주권을 양도**하는 경우로 양도일 현재 **다른 주택이 없는 경우 1세대 1주택**으로 본다.
ⓑ 1세대가 **주택(부수토지 포함)과 조합원입주권** 또는 분양권을 보유하다가 그 주택을 양도한 경우에는 1세대 **1주택으로 보지 아니**한다.

⑷ 2년 보유

주택의 보유기간이 2년 이상인 경우에만 1세대 1주택으로 비과세된다. 보유기간의 계산은 취득일로부터 양도일까지로 한다.

중요 다음 각 ①~⑤의 어느 하나에 해당하는 경우에는 그 **보유기간 및 거주기간의 제한을 받지 아니**한다.
① ,,,**건설임대 주택,**,..거주기간 **5년 이상**
② ,,,**수용**,,,**보유, 거주기간 제한없**다.
③ ,,,**해외이주**로 세대전원이 출국하는 경우 ⇨ **출국일부터 2년 이내**에 양도하는 경우에 한한다.
④ 1년 이상 계속하여 **국외거주**를 필요로 하는 취학 또는 근무상의 형편으로 세대전원이 출국하는 경우
   ⇨ 출국일부터 **2년 이내에 양도**하는 경우에 한한다.
⑤ **1년 이상 거주**한 주택을 학교(유치원 · 초등학교 및 중학교 제외)의 **취학**, 직장의 변경이나 전근 등 **근무상**의 형편, 1년 이상의 치료나 **요양**을 필요로 하는 질병의 치료나 **요양** 또는 학교폭력의 피해로 인한 전학을 위해 세대 전원이 다른 시 · 군으로 이전하기 위해 양도하는 경우
   주의 여기에서 **사업**은 포함되지 아니함에 유념

③ 양도소득 비과세 배제의 경우

> 소득세법 제91조(양도소득세 비과세 또는 감면의 배제 등)
> 1. <u>미등기양도자산에</u> 대하여는 양도소득에 대한 소득세의 <u>비과세에 관한 규정을 적용하지 아니한다.</u>
> 2. 부동산·부동산에 관한 권리를 매매하는 거래당사자가 매매
>   계약서의 거래가액을 실지 거래가액과 다르게 적은 경우에는 해당 자산에 대하여 양도소득세의 비과세 또는 감면에 관한 규정을 적용할 때 비과세 또는 감면받았거나 받을 세액에서 다음 ①②의 구분에 따른 금액을 뺀다.
>   ① 양도소득세의 비과세에 관한 규정을 적용받을 경우: 비과세에 관한 규정을 적용하지 아니하였을 경우의 양도소득 산출세액과 **매매계약서의 거래가액과 실지거래가액과의 차액 중 적은 금액을 뺀다**.
>   ② 양도소득세의 감면에 관한 규정을 적용받았거나 받을 경우: 감면에 관한 규정을 적용받았거나 받을 경우의 해당 감면세액과 매매계약서의 거래가액과 실지거래가액과의 차액 중 **적은 금액을 뺀다**.

문100선

01 다음 중 양도소득세가 과세되는 경우는?

① 1세대 1주택을 2년 이상 보유한 남편의 주택을 이혼위자료조로 아내에게 소유권을 이전해 준 경우

② 甲·乙·丙이 균등으로 공동 소유한 토지를 甲 40%, 乙 30%, 丙 30% 지분으로 분할한 경우

③ 국토의 계획 및 이용에 관한 법률에 따른 주거지역·상업지역·공업지역 외에 있는 농지(환매예정지 아님)를 경작상 필요에 의하여 교환함으로써 발생한 소득은 쌍방 토지가액의 차액이 가액이 큰 편의 4분의 1 이하이고 새로이 취득한 농지를 3년 이상 농지소재지에 거주하면서 경작하는 경우

④ 지적재조사법률에 의해 지적 재조사에 의해 공부상 면적이 감소된 경우로 받은 조정금액

⑤ 파산선고에 의한 처분소득

정답 ②

해설 ② 乙과 丙이 소유권이전으로 乙과 丙에게 과세한다.

02 다음 중 1세대 1주택으로 인한 양도소득세 비과세 요건 중 틀린 것은?

① 원칙적으로 거주자로서 배우자가 있어야 하고 고가주택이 아니어야 한다.
② 보유기간은 취득일로부터 과세일까지 2년 이상이어야 한다.
③ 주택의 부수토지는 도시지역 내 수도권지역 내 주거·상업·공업지역은 3배, 녹지지역·개발제한구역 내·수도권지역 밖 5배, 도시지역 밖은 10배를 기준면적의 부수토지로 본다.
④ 30세 이상인 무주택거주자가 당해 주택을 상속받아 3년 보유 시점에서 상속받은 주택을 양도하는 경우에는 비과세한다.
⑤ 미등기양도주택이 아니어야 한다.

정답 ②
해설 ② 보유기간은 취득일로부터 양도일까지 2년 이상이어야 한다.

03 양도소득세 비과세 설명 중 옳은 것은?

① 1세대가 부산광역시에 소재하는 1주택을 1년 동안 보유하고 양도한 경우로서 양도일부터 1년 6개월 전에 세대전원이 해외이주로 출국하는 경우는 양도소득세 과세한다.
② 국내에 1주택만을 보유하고 있는 1세대가 해외이주로 세대전원이 출국하는 경우 출국일부터 3년이 되는 날 해당 주택을 양도하면 비과세된다.
③ 노부모 봉양을 위해 세대를 합침으로서 1세대가 2주택을 보유하게 되는 경우 그 합친 날로부터 10년 이내에 먼저 양도하는 주택은 이를 1세대 1주택으로 보아 비과세 여부를 판단한다.
④ 하나의 건물이 주택과 주택 외의 부분으로 복합되어 있는 겸용주택의 경우 주택의 면적이 주택 외의 면적보다 클 때에는 주거 부문만을 주택으로 본다.
⑤ 1세대의 일반주택 소유자가 주택을 상속받아 상속받은 주택을 2년 보유하고 양도한 경우는 비과세한다.

정답 ③
해설 ① 1세대가 부산광역시에 소재하는 1주택을 1년 동안 보유하고 양도한 경우로서 양도일부터 1년 6개월 전에 세대전원이 해외이주로 출국하는 경우는 양도소득세 비과세한다.
② 국내에 1주택만을 보유하고 있는 1세대가 해외이주로 세대전원이 출국하는 경우 출국일부터 2년 이내 해당 주택을 양도하면 비과세된다.
④ 하나의 건물이 주택과 주택 외의 부분으로 복합되어 있는 겸용주택의 경우 주택의 면적이 주택 외의 면적보다 클 때에는 전부를 주택으로 본다(고가주택은 주거부문만 주택으로 본다).
⑤ 1세대의 일반주택 소유자가 주택을 상속받아 상속주택과 일반주택 보유 중 일반주택을 2년 보유하고 양도한 경우 비과세한다.

04 법령으로 정하는 근무상 형편으로 취득한 수도권 밖에 소재하는 등기된 주택과 그 밖의 등기된 일반주택을 국내에 각각 1개씩 소유하는 1세대가 부득이한 사유가 해소 된 날로부터 3년 내에 일반주택을 양도하는 경우, 법정요건을 충족하면 비과세된다. (○, ×) 제21회, 제33회 기출

정답 ○

05 국내에 주택 1채와 토지를, 국외에 1채의 주택을 소유하고 있는 거주자 甲이 국내주택을 먼저 양도하는 경우 2년 이상 보유한 경우 양도소득세가 과세된다. (○, ×) 제23회 기출

정답 ×

해설 국외주택은 주택수에 포함하지 않고 과세된다. 상기 문제에서 국내주택 먼저 양도로 국내 1주택이니 비과세한다.

06 1세대 1주택인 고가주택을 양도한 경우, 양도차익 전체에 대해서는 양도소득세가 과세된다. (○, ×) 제23회 기출

정답 ×

해설 1세대 1주택인 고가주택을 양도한 경우, 양도차익의 12억원 초과분에 대해 과세한다.

07 **소득세법 시행령 제155조 '1세대 1주택의 특례'에 관한 조문의 내용이다. (   )에 들어갈 숫자는?** 제33회

> • 영농의 목적으로 취득한 귀농주택으로서 수도권 밖의 지역 중 면지역에 소재하는 주택과 일반 주택을 국내에 각각 1개씩 소유하고 있는 1세대가 귀농주택을 취득한 날부터 (㉠)년 이내에 일반주택을 양도하는경우에는 국내에 1개의 주택을 소유하고 있는 것으로 보아 제154조 제1항을 적용한다.
> • 취학 등 부득이한 사유로 취득한 수도권 밖에 소재하는 주택과 일반주택을 국내에 각각 1개씩 소유하고 있는 1세대가 부득이한 사유가 해소된 날부터 (㉡)년 이내에 일반주택을 양도하는 경우에는 국내에 1개의 주택을 소유하고 있는 것으로 보아 제154조 제1항을 적용한다.
> • 1주택을 보유하는 자가 1주택을 보유하는 자와 혼인함으로써 1세대가 2주택을 보유하게 되는 경우 혼인한 날부터 (㉢)년 이내에 먼저 양도하는 주택은 이를 1세대 1주택으로 보아 제154조 제1항을 적용한다.

정답 ㉠ 5년, ㉡ 3년, ㉢ 10년

제3절   **양도소득세의 양도시기 또는 취득시기**

1 양도소득세의 양도시기 또는 취득시기

> **출제빈도**   제9회, 제10회, 제11회, 제12회, 제13회, 제14회, 제15회, 제18회, 제25회, 제29회, 제32회, 제34회
>
> 양도차익계산시 양도차익의 귀속이 확정되는 양도시기도 중요하지만, 보유기간을 판정할 때 취득시기의 확정도 중요한 의미를 가진다. 이를 **취득세의 취득시기와는 별도의 개념으로 이해**하고, 양도소득세의 문제인지, 취득세의 문제인지를 구별하여 문제를 풀어야 한다. **양도소득세는 소유권개념으로, 취득세는 빠른 날 개념**으로 법이 만들어져 있음을 구별하면 된다.

2 양도시기 · 취득시기의 원칙 : 대금청산일

> 여기에서 대금이란 당해 자산의 양도에 대한 양도소득세 및 양도소득세의 부가세액을 양수자가 부담하기로 약정한 경우에는 당해 **양도소득세** 및 양도소득세의 부가세액을 '**대금**'에서 **제외**한다.

① 대금청산일이 불분명 : 등기등록접수일

② 대금청산일 전 **등기** : 등기등록접수일

3 거래 상황별 양도시기 또는 취득시기

① **상속** : 상속개시일, **증여** : 증여받은 날

② 환지처분으로 인하여 취득한 토지

도시개발법 기타 법률에 의한 **환지처분**으로 인하여 취득한 토지의 취득시기는 **그 환지처분이 있기 전 토지**, 즉 **종전토지의 취득일**이 된다. 다만, 교부받은 토지의 면적이 **환지**처분에 의한 권리의 면적보다 **증가 또는 감소**된 경우에는 그 증가 또는 감소된 면적의 토지에 대한 취득시기 또는 양도시기는 환지처분의 공고가 있는 날의 **다음 날**로 한다.

> **KEY**
>
> ...**환지**... 환지 받기 **전** 토지의 취득일
> ...**환지**... **증가 · 감소** ... 다음 날

③ 부동산의 소유권이 타인에게 이전되었다가 법원의 **무효판결**에 의하여 소유권이 환원되는 경우에 해당 자산의 취득시기는 그 자산의 당초 취득일이 된다.

> **KEY**
>
> ... **무효 판결...당초 자산의 취득일**

④ 완성 또는 확정되지 아니한 자산을 양도 또는 취득한 경우로서 해당 자산의 **대금을 청산한 날까지 그 목적물이 완성 또는 확정되지 아니**한 경우에는 그 목적물이 완성 또는 확정된 날을 그 양도일 또는 취득일로 본다. 이 경우 건설 중인 건물의 완성된 날에 관하여는 자기가 건설한 건축물의 취득시기를 준용한다(소득세법시행령 제162조 제1항 제8호).

> **KEY**
> ... 대금청산 일까지 미완성 ⇨ **완성일**

⑤ 공익사업을 위한 토지 등의 취득 및 보상에 관한 법률이나, 그 밖의 법률에 따라 공익사업을 위하여 **수용**되는 경우에는 **대금청산한 날, 수용의 개시일** 또는 소유권이전**등기접수일 중 빠른 날**로 한다.

> **암기** **수용** ⇨ **등대수**

다만, 소유권에 관한 **소송**으로 보상금이 공탁된 경우에는 소유권 관련 소송 **판결 확정일**로 한다.

⑥ 건축허가를 받아 자기가 건설한 건축물의 취득시기는 「건축법」에 따른 사용승인서 교부일로 한다. 다만, 사용승인서 교부일 전에 사실상 사용하거나 임시사용승인을 받은 경우에는 그 사실상의 사용일 또는 임시사용승인을 받은 날 중 **빠른 날**로 한다(소득세법시행령 제162조 제1항 제4호). 건축 허가를 받지 아니하고 건축하는 건축물에 있어서는 그 사실상의 사용일을 취득시기로 본다(소득세법시행령 제162조 제1항 제4호)

> **KEY**
> **자가 신축** - 허가받은 경우: 사용검사필증 교부일
>   - **무허가: 사실상 사용일**

⑦ 20년간 소유의 의사로 평온·공연하게 부동산을 점유한 후 등기함으로 인하여 소유권을 취득하는 경우(민법 제245조)에는 당해 부동산의 점유를 개시한 날을 취득의 시기로 한다(소득세법시행령 제162조 제1항 제6호).

> **KEY**
> **민법**에 의해 **점유로** 소유권 취득한 부동산: **점유개시일**

⑧ **장기할부**조건 매매의 경우는 소유권이전**등기**(등록 및 명의개서를 포함)접수일·**인도일** 또는 **사용수익일 중 빠른 날**로 한다(소득세법시행령 제162조 제1항 제3호)

> **암기** **장기할부조건** ⇨ **인사동**

⑨ **경매**에 의하여 자산을 취득하는 경우에는 경락인이 매각조건에 의하여 **경매대금을 완납한 날**이 취득의 시기가 된다(소득세법 기본통칙 98-162…3).

⑩ 잔금을 **어음**이나 기타 이에 준하는 증서로 받은 경우 어음 등의 **결제일**이 그 자산의 잔금청산일이 된다(소득세법 기본통칙 98-162…4).

⑪ 양도한 자산의 취득시기가 분명하지 아니한 경우에는 먼저 취득한 자산을 먼저 양도한 것으로 본다(소득세법시행령 제162조 제5항).

> **암기** **취득시기 불분명** ⇨ **선입 선출**

문 100선

01 현행 소득세법에서 규정하는 토지의 양도 및 취득의 시기에 관하여 옳은 것은?

① 민법에 의해 20년간의 소유의사로 부동산을 점유한 후 등기하므로 인하여 소유권을 취득한 경우에는 당해 부동산의 등기·등록일이 취득시기가 된다.

② 등기일이 원칙이다.

③ 부동산의 소유권이 타인에게 이전되었다가 법원의 무효판결에 의하여 해당 자산의 소유권이 환원된 경우 취득시기는 법원의 무효판결일이다.

④ 장기할부조건의 경우 취득시기는 소유권이전등기(등록 및 명의개서 포함)접수일·인도일 또는 사용수익일 중 빠른 날이다.

⑤ 상속에 의하여 취득한 토지의 양도 및 취득의 시기는 토지의 상속 등기일이 된다.

정답 ④

해설 ① 민법의 점유에 의한 취득시기인 경우 20년간의 소유의사로 부동산을 점유한 후 등기하므로 인하여 소유권을 취득한 경우에는 점유개시일이 취득시기가 된다.

② 대금청산일이 원칙이다. 이 경우의 대금에는 당해 자산의 양도에 대한 양도소득세 및 양도소득세의 부가세액을 양수자가 부담하기로 약정한 경우에는 당해 양도소득세 및 양도소득세의 부가세액을 '대금'에서 제외한다.

③ 부동산의 소유권이 타인에게 이전되었다가 법원의 무효판결에 의하여 해당 자산의 소유권이 환원된 경우 취득시기는 당초 자산의 취득일이다.

⑤ 상속에 의하여 취득한 토지의 양도 및 취득의 시기는 상속개시일이 취득일이 된다.

02 증여에 의하여 취득한 토지의 양도 및 취득의 시기는 계약일이 된다. (○, ×)

정답 ×

해설 증여받은 날이다.

03 경매에 의하여 자산을 취득하는 경우에는 경매인이 경매조건에 의하여 중도금을 지급한 날이 취득시기이다. (○, ×)

정답 ×

해설 경락대금 완납일이다.

04 환지처분으로 인하여 교부받은 토지의 면적이 환지처분에 의한 권리의 면적보다 증가 또는 감소된 경우의 양도 또는 취득의 시기는 한지처분공고가 있는 날의 다음 날로 한다. (○, ×)

　　정답　○

05 소유권에 관한 소송으로 보상금이 공탁된 경우에는 소유권 관련 공탁금 지급일로 한다. (○, ×)

　　정답　×
　　해설　판결 확정일이다.

06 배우자로부터 증여받은 자산을 10년 내에 양도하여 이월과세 규정이 적용되는 경우에는 증여자가 당해 자산을 취득한 날을 취득시기로 하여 취득가액·장기보유특별공제·세율을 적용한다. (○, ×)

　　정답　○

제4절　양도소득세 계산구조

01　양도소득세의 계산구조 흐름

> 양도소득세 계산 구조 흐름에서 **양도소득금액** 산정시 맨 마지막 공제되는 것은 **장기보유특별공제**이고, **양도소득 과세표준** 산정시 맨 마지막에 공제되는 것은 **기본공제임**을 알아야 한다.

암기 양도소득세 계산구조 흐름【암기력 : **차** **장** **소** **기** 과표】

- 양도가액 (−) 필요경비 = 양도 **차**익
- 양도 **차**익 (−) **장**기보유특별공제 = 양도 **소**득금액
- 양도 **소**득금액 (−) **기**본공제 = 양도소득 과세표준
- 양도소득 과세표준 (×) 세율 = 양도소득 산출세액
- 양도소득산출세액 − 세액감면 − 세액공제 = 양도소득결정세액
- 양도소득결정세액 + 가산세 = 양도소득 총 결정세액

02 양도차익

양도차익 = 양도가액 − 필요경비

제100조【양도차익의 산정】 ① 양도차익을 계산할 때 양도가액을 실지거래가액(에 따를 때에는 취득가액도 실지거래가액에 따르고, 양도가액을 기준시가에 따를 때에는 취득가액도 기준시가에 따른다.

1 실지거래가에 의한 양도차익

출제빈도 제5회, 제15회, 제16회, 제18회, 제20회, 제22회, 제23회, 제24회, 제25회, 제26회, 제28회, 제29회, 제31회, 제33회

양도차익은 양도가액에서 필요경비를 뺀 금액이다. 이는 실지거래가에 의한 양도차익과 기준시가에 의한 양도차익으로 구성되는데 실지거래가에 의한 양도차익 산정이 원칙이다. 문제에서 양도차익 산정 문제가 나오면 실지거래가에 의한 양도차익으로 산정하면 된다.

실지거래가에 의한 양도차익 =
실지거래가에 의한 양도가액 − 실지거래가의 필요경비(취득가액, 자본적지출, 양도비용)

(1) 양도가액

제96조【양도가액】 ① 양도소득세 과세대상에 따른 자산의 양도가액은 그 자산의 양도 당시의 양도자와 양수자 간에 실지거래가액에 따른다.

① **원칙**: 양도시점의 실지거래가에 의한 총수입금액

② **상황별에 따른 양도가액**

    ㉠ 실지거래가격이 확인되지 않는 경우의 추계조사 결정특례

        ⓐ 추계결정방법: 다음의 방법을 순차로 적용하여 산정한가액에 의한다.

            매 매사례가액 ⇨ **감** 정평가액 ⇨ **환** 산취득가액 ⇨ **기** 준시가

        ⓑ 양도가액의 경우 추계결정 순서

            주의 양도가액에는 환산 가액을 적용할 수 없다.

            매 매사례가액 ⇨ **감** 정평가액 ⇨ **기** 준시가

            암기요령 **매** 일 **감** **기** 걸려서 양도하다.

    ㉡ 거주자가 건물을 **신축** 또는 **증축하여 5년 내에 양도하는 경우**

      거주자가 **건물을 신축** 또는 **증축하고** 그 건물의 취득일 또는 증축일부터 **5년 이내에 해당 건물을 양도하는 경우로서** 따른 **감정가액 또는 환산취득가액을 그 취득가액으로 하는 경우**에는 해당 건물의 **감정가액 또는 환산취득가액의 100분의 5에 해당하는 금액을 양도소득 결정세액에 더한다.**

ⓒ 부당행위계산의 부인 = 특수관계인과의 거래 + 조세를 부당히 회피한 경우

> **특수관계자**에게 자산을 시가보다 저가로 양도한 경우에는 **시가**에 의하여 양도가액을 계산한다(시가와 거래가액의 차액이 3억원 이상이거나 시가의 100분의 5에 상당하는 금액 이상인 경우에 한한다).

> **▌문제풀이 요령 ▌** 특수관계자와의 **거래**이면서 문제의 key가 **양도가액** 또는 **취득가액**이면 시가이다.

⑵ **실지거래가에 의한 필요경비**(증빙 제출 또는 은행의 지출의 증빙 경우 인정)

> **실지거래가에 의한 필요경비 = 취득에 든 실지거래가액 + 자본적지출 + 양도비용**

① **취득에 든 실지거래가액**

"취득에 든 실지거래가액"이란 다음 금액을 합한 것을 말한다.

㉠ 타인으로부터 매입한 자산은 매입가액에 취득세·등록세 기타부대비용을 가산한 금액

> • 매입자산의 취득원가 = 매입가 + 부대비용(취득세·등록세 등)
> • 부대비용이란 사용가능시점까지 발생된 비용을 말한다.

ⓐ 취득시 중개보수, 법무사의 수수료 등은 양도소득금액 계산시 필요경비로 공제한다.

ⓑ 취득세는 납부영수증이 없는 경우에도 양도소득금액 계산시 필요경비로 공제한다.

주의 필요경비는 증빙을 갖춘 경우에 인정되나, 취득세만큼은 영수증이 없더라도 인정된다.

주의 재산세·종합부동산세·지역자원시설세·상속세·증여세는 필요경비에 불포함한다.

㉡ 당사자가 약정에 의한 대금지급방법에 따라 취득가액에 이자상당액을 가산하여 거래가액을 확정하는 경우 당해 이자상당액은 취득가액에 포함한다.

> **주의** 당초 약정에 의한 거래가액에 **지급기일의 지연으로 인하여 추가로 발생하는 이자**상당액은 취득가액에 **포함하지 아니**한다(= 취득가액에서 공제한다 = 필요경비에 산입되지 아니한다).

▌문제풀이 요령 ▌

"**약정에 의한**" 대금지급 방법	원칙 : 이자	필요경비 포함
	지연.....이자	필요경비 불(不)포함

㉢ 사업자가 자산을 장기할부조건으로 매입하고 기업회계기준에 의하여 현재가치할인차금을 취득가액과 구분하여 계상한 경우에도 현재가치할인차금을 취득가액에 포함한다. 단, 양도자산의 보유기간 중에 그 현재가치 상각액을 각연도의 사업소득금액 계산시 필요경비에 산입하였거나 산입할 금액이 있는 경우에는 이를 취득가액에서 공제한다(= 필요경비에 산입되지 아니한다).

> ㉣ 취득 관련 쟁송자산의 소유권확보에 직접 소요된 소송비용·화해비용 등은 필요경비에 포함한다. 단, 직접 소요된 소송비용·화해비용 등을 사업소득금액 계산시 필요경비에 산입하였거나 산입할 금액이 있는 경우에는 이를 취득가액에서 공제한다(= 필요경비에 산입되지 아니한다).

> ㉤ 양도자산 보유기간에 그 자산에 대한 감가상각비로서 각 과세기간의 사업소득금액을 계산하는 경우 필요경비에 산입하였거나 산입할 금액이 있을 때에는 이를 취득가액에서 공제한 금액을 그 취득가액으로 한다(소득세법 제97조 제3항).

문제풀이 요령		
key word	**구 분**	
현재가치할인차금	원 칙	필요경비 포함
	사업소득산정시 필요경비 산입	불 포함
취득시 쟁송관련 소송비	원 칙	필요경비 포함
	사업소득금액 산정시 필요경비산입	불 포함
	사업소득금액산정시 필요경비산입 제외	필요경비 포함
감각상각비	원 칙	필요경비 포함
	사업소득금액 산정시 필요경비산입	불 포함

특수관계인과의 거래인 경우로 시가를 초과액 ⇨ 불포함

> **주의** 지적재조사로 지적공부상의 **면적이 증가**되어 징수한 조정금은 그 동안 지적공부 면적보다 더
>   ↳ 면적 감소는 비과세, 면적 증가로 과세되니 취득가액에서 공제
> 많은 면적을 납세 없이 사용하여 **취득가액에서 공제한다**(= **필요경비 불포함)**.

② **자본적지출**
  ㉠ 의의 : 취득 후 지출로서 실질가치가 증가되는 지출 또는 내용년수가 증가되는 지출
    ☑ 핵심단어 : **개량, 이용편의, 용도변경**

> **주의** **수익적지출은 포함되지 아니한**다.
> 수익적지출은 취득 후의 지출로서 **원상회복 또는 능률유지를 위한 지출**로서 양도시의 가치변동이 일어
> 나지 않으므로 포함되지 아니한다. 양도하는 토지위에 나무재배를 위하여 소요된 비용 등은 필요경비로
> 산입하지 아니한다.

  ㉡ 자본적 지출의 예시
    ⓐ 「개발이익환수에 관한 법률」에 따른 개발부담금
    ⓑ 「재건축초과이익 환수에 관한 법률」에 따른 재건축부담금
    ⓒ 토지의 이용편의를 위하여 지출한 장애철거비용
    ⓓ 토지의 이용편의를 위하여 당해 토지에 도로를 건설한 경우의 도로건설비용과 그 도로를 국가
       또는 지방자치단체에 무상으로 공여한 경우 그 도로로 된 토지의 가액은 자본적지출에 포함한다.
    ⓔ 하천법·특정다목적댐법 기타 법률에 의하여 시행하는 사업으로 인하여 당해 사업구역내의 토
       지소유자가 부담한 **수익자부담금**·환지청산금 등의 사업비용과 개발이익환수에 관한 법률에
       의한 개발부담금은 자본적지출에 포함한다.
    ⓕ 사방사업에 소요된 비용은 자본적지출에 포함한다.

③ **양도비용**
  ㉠ 의의 : 자산을 양도하기 위하여 **직접 지출한 비용**을 말한다. 자산을 양도하기위하여 직접 지출한
    비용에는 자산을 양도하기 위한 **계약서 작성비용·공증비용·인지대·소개비·양도소득세신고**
    서 작성비 등을 포함한다.
    ⓐ 주식을 양도한 경우의 **증권거래세**도 포함

ⓑ 자산을 취득함에 있어서 법령의 규정에 의하여 매입한 국민주택**채권**과 토지개발채권을 만기 전에 금융 기관에 양도함으로써 발생한 **매각차손**도 포함. 이 경우 기획재정부령으로 정하는 금융 기관외의 자에게 양도한 경우에는 동일한 날에 금융기관에 양도하였을 경우 발생하는 매각차손을 한도로 한다.

> 양도비용 = 양도시 소요된 직접비용으로 지급된 <u>수수료</u>, 금융기관 **한도의** <u>채권의 매각차손</u>

(3) 기준시가에 의한 양도차익

> 양도시점의 기준시가 − (취득시점의 기준시가 + 필요경비 개산공제)

① **필요경비개산공제**: 취득가액을 환산한 경우에는 자본적 지출 및 양도비용 대신 다음의 필요경비 개산공제를 공제한다. 따라서 <u>자본적 지출과 양도비용은 실지거래가인 경우에 적용됨을 알 수 있다</u>.

> 필요경비개산공제 = 취득당시 기준시가 3%(미등기는 0.3%)

양도가액	필요경비
실지거래가	실지거래가+자본적 지출+양도비
매매사례가	매매사례가액+필요경비개산공제
감정가	감정가액+필요경비개산공제
기준시가	기준시가+필요경비개산공제

② **취득가액이 환산취득가액인 경우 세부담의 최소화**

양도차익 계산시 추계방법에 의한 취득가액을 환산취득가액으로 하는 경우로서 ㉠ (환산취득가액＋필요경비개산공제액)이 ㉡ (자본적 지출액＋양도비)의 금액보다 **적은** 경우에는 ㉡ (자본적 지출액＋양도비)의 금액을 필요경비로 할 수 있다(소득세법 제97조 제2항 제2호 단서).

01 다음은 양도소득세 양도가액 및 취득가액의 산정에 대한 내용이다. 옳은 것은 몇 개인가?

> ㉠ 丙과 특수관계에 있는 거주자가 시가 5억원의 토지를 丙에게 3억원에 양도한 경우 양도가액은 3억원이다.
>
> ㉡ 취득 당시의 실지거래가액의 확인을 위하여 필요한 장부·매매계약서·영수증 기타 증빙서류가 없을 때 추계조사하여 양도소득 과세표준 및 세액을 결정 또는 경정하는 경우 매매사례가액, 감정가액, 환산가액, 기준시가를 순차로 적용한다.
>
> ㉢ 당초 약정에 의한 거래가액에 지급기일의 지연으로 인하여 추가로 발생하는 이자상당액은 필요경비에 포함하지 아니한다.
>
> ㉣ 당사자가 약정에 의한 대금지급방법에 따라 취득가액에 이자상당액을 가산하여 거래가액을 확정하는 경우 당해 이자상당액은 취득가액에 포함하지 아니한다.
>
> ㉤ 보유기간 중에 취득 관련 쟁송자산의 소유권확보에 직접 소요된 소송비용·화해비용 등을 사업소득금액 계산시 필요경비에 산입하였거나 산입할 금액이 있는 경우는 실지거래가에 의한 필요경비에 포함한다.
>
> ㉥ 토지이용편의를 위한 당해 토지에 도로를 신설하여 국가 또는 지방자치단체에 이를 무상으로 공여한 경우의 도로로 된 토지의 가액은 양도소득금액 산정시 실지거래가에 의한 필요경비로 공제된다.
>
> ㉦ 자산을 양도하기 위하여 직접 지출한 양도소득세 과세표준신고서 작성비용은 양도비용으로 실지거래가에 의한 필요경비로 양도가액에서 공제된다.
>
> ㉧ 자산을 취득함에 있어서 법령의 규정에 의하여 매입한 국민주택채권과 토지개발채권을 금융기관외의 자에게 양도한 경우의 발생한 채권의 매각차손도 양도비용으로 매각차손 전액을 필요경비에 포함된다.
>
> ㉨ 「하천법」에 의하여 시행하는 사업으로 인하여 해당사업구역내의 토지소유자가 부담한 수익자부담금·환지청산금 등의 사업비용은 자본적지출로 실지거래가에 의한 필요경비로 한다.
>
> ㉩ 위약금은 필요경비에 포함한다.
>
> ㉪ 특수관계자와의 거래로서 부당행위계산의 부인규정에 의한 시가초과액은 실지거래가에 의한 취득가액으로 한다.
>
> ㉫ 실지거래가에 의한 필요경비에는 실지취득가, 자본적지출, 양도비, 필요경비 개산공제이다.

① 1개   ② 2개   ③ 3개
④ 4개   ⑤ 5개

정답 ⑤

해설 옳은 것은 ㉡, ㉢, ㉥, ㉦, ㉨으로 5개이다.

㉠ 丙과 특수관계에 있는 거주자가 시가 5억원의 토지를 丙에게 3억원에 양도한 경우 양도가액은 5억원이다.

㉣ 당사자가 약정에 의한 대금지급방법에 따라 취득가액에 이자상당액을 가산하여 거래가액을 확정하는 경우 당해 이자상당액은 취득가액에 포함한다.

     ⑩ 보유기간 중에 취득 관련 쟁송자산의 소유권확보에 직접 소요된 소송비용·화해비용 등을 사업소득금액 계산시 필요경비에 산입하였거나 산입할 금액이 있는 경우는 실지거래가에 의한 필요경비에 포함하지 아니한다.

     ◎ 자산을 취득함에 있어서 법령의 규정에 의하여 매입한 국민주택채권과 토지개발채권을 금융기관외의 자에게 양도한 경우의 발생한 채권의 매각차손도 양도비용으로 금융기관의 한도로 필요경비에 산입된다.

     ㉾ 위약금은 필요경비에 포함하지 아니한다.

     ㉠ 특수관계자와의 거래로서 부당행위계산의 부인규정에 의한 시가초과액은 실지거래가에 의한 취득가액에서 공제한다.

     ㉣ 실지거래가에 의한 필요경비에는 실지취득가, 자본적지출, 양도비이다.

02

토지의 취득가액을 매매사례가액으로 계산하는 경우 취득당시 개별공시지가에 3/100을 곱한 금액이 필요경비에 포함된다. (○, ×)

정답 ○

03

취득가액을 기준시가에 따를 때에는 자본적지출과 양도비용을 필요경비에 포함한다. (○, ×)

정답 ×

해설 자본적지출과 양도비용은 실지거래가에 의한 필요경비이다. 기준시가 또는 매매사례가일 때는 자본적지출과 양도비용 대신 필요경비개산공제(취득시점 기준시가 × 3%)가 적용된다.

04

취득가액을 환산가액으로 하는 경우 환산취득가액과 필요경비개산공제의 합계액이 자본적지출과 양도비용의 합계액보다 적은 경우는 자본적지출과 양도비용을 필요경비로 한다.

(○, ×)

정답 ○

05 주택의 취득대금에 충당하기 위한 대출금의 이자지급액은 필요경비에 포함하지 아니한다.
(○, ×)

정답 ○

06 1세대 1주택을 비과세요건을 고가주택의 양도차익이 5억원이고, 양도가액이 15억원인 경우 양도소득세가 과세되는 양도차익은 1억원이다. (○, ×)

정답 ○

02 장기보유 특별공제

출제빈도 제9회, 제10회, 제12회, 제14회, 제18회, 제20회, 제24회, 제26회, 제33회
장기보유특별공제는 장기보유특별공제 적용요건이 자주 출제되며, 이는 기본공제와 비교·정리해야 한다.

양도차익 − 장기보유특별공제 = 양도소득금액
양도소득금액은 양도소득의 총수입금액("양도가액")에서 필요경비를 공제하고, 그 금액("양도차익")에서 장기보유 특별공제액을 공제한 금액으로 한다.

(1) 장기보유특별공제 조건
토지, 건물로서 보유기간이 3년 이상인 것 및 조합원입주권

(2) 제 외
① 미등기 제외
② 국외 부동산 제외
③ 조합원으로부터 취득한 입주권은 조합원입주건에 제외

주의 1세대 2주택 이상인 경우에도 장기보유특별공제 적용된다.

(3) 장기보유 특별공제 금액 = **양도차익**(조합원입주권을 양도하는 경우에는 「도시 및 주거환경정비법」 제48조에 따른 **관리처분계획인가 전** 주택분의 양도차익으로 한정한다) × 보유기간별 공제율

① 보유기간 공제율

공제대상	보유기간별 공제율
양도소득세가 과세되는 1세대 1주택(고가주택 해당) (거주기간 공제율은 **2년 이상 거주 요건을 갖춘 경우만** 해당) (1세대 1주택으로 고가주택을 10년 보유하고 그 기간 중 10년 거주하여 양도한 경우 장기보유특별공제률은 80%이다)	㉠ 보유공제율 + ㉡ 거주 공제율 ㉠ 보유기간별 공제율 : 보유 3년 이상. 1년 증가시마다 **4%씩 증가**. 10년 이상일 경우 양도차익의 40%까지 ㉡ 거주기간별 공제율 : 2년 이상~3년 미만 ⇨ 8%, 거주 **3년 이상. 1년 증가시마다 4%씩 증가**. 10년 이상일 경우 양도차익의 40%까지
나머지(1세대 2주택 이상, 상가건물, 나대지, 비사업용토지 등)	㉠ 3년 이상에서 1년 증가시 2% 증가 ㉡ 15년 이상 : 양도차익의 30%

② **보유기간 계산** : 보유기간은 당해자산의 취득일로부터 양도일까지의 기간을 말한다.
　㉠ 다만, 배우자로부터 증여받은 자산을 10년 내에 양도하여 이월과세 규정이 적용되는 경우에는 증여한 배우자(= 증여자)가 당해자산을 취득한 날부터 기산한다.
　㉡ 상속받은 자산을 양도하는 경우에는 상속개시일부터 기산한다.

문 100선

01 소득세법상 장기보유특별공제에 관한 설명으로 옳은 것은? (다만, 양도자산은 비과세되지 아니함)
① 등기된 토지 또는 건물·조합원입주권으로 그 자산의 보유기간이 3년 이상인 것에 대하여 적용한다.
② 보유기간이 13년인 등기된 상가건물의 보유기간별 공제율은 양도가액의 100분의 26이다.
③ 1세대 1주택이고 해당 주택이 조정지역내의 고가 주택(보유 3년, 1년 5개월 거주)인 경우 장기보유특별공제가 적용될 수 없다.
④ 10년 이상 보유한 고가주택의 장기보유특별공제액은 1세대 1주택에 관계없이 양도차익의 80%에 해당하는 금액으로 한다.
⑤ 1세대 2주택으로 보유 3년 주택을 양도한 경우에는 장기보유특별공제가 적용되지 아니한다.

　정답 ①
　해설 ② 보유기간이 13년인 등기된 상가건물의 보유기간별 공제율은 양도차익의 100분의 26이다.
　　③ 1세대 1주택이고 해당 주택이 조정지역 내의 고가 주택(보유 3년, 1년 5개월 거주)인 경우 장기보유특별공제 적용된다.

④ 1세대 1주택으로 10년 이상 보유하고 10년 이상 거주한 고가주택을 양도한 경우 장기보유특별공제액은 양도차익의 80%이다.

⑤ 1세대 2주택으로 보유 3년 주택을 양도한 경우에는 장기보유특별공제가 적용한다.

02 장기보유특별공제 계산시 해당 자산의 보유기간은 그 자산의 취득일부터 양도일까지로 하지만 소득세법 제97조 제4항에 따른 배우자 또는 직계존비속간 증여재산에 대한 이월과세가 적용되는 경우에는 증여자가 해당 자산을 취득한 날부터 기산한다. (○, ×)

정답 ○

03 조합원입주권을 양도하는 경우에는 도시 및 주거환경정비법 제48조에 따른 관리처분계획인가 후 주택분의 양도차익에 보유기간별 공제율을 곱하여 계산한 금액을 장기보유특별공제액으로 한다. (○, ×)

정답 ×

해설 관리처분계획 인가 전 주택분의 양도차익에 보유기간별 공제율을 곱하여 계산한 금액

03 양도소득 기본공제

> 기본공제는 단일문제로는 출제되지 않고, 5지선다 중 하나의 지문으로 종종 출제되고 있으며, 이 기본공제는 양도차손의 통산과 같이 문제로 정리 학습해야 한다. **양도차손의 통산은 끼리끼리**로 암기한다. **국내 부동산 그룹은 국내 부동산 그룹 끼리 통산, 국외 부동산그룹은 국외 부동산 그룹끼리 통산, 주식은 주식 그룹끼리** 통산한다.

① **공제금액** : 연(1.1~12.31) 250만원 공제 ⇨ **보유기간과는 무관**

② **미등기를 제외**한 모든 자산에 대해 공제된다.

③ 양도소득이 있는 거주자에 대하여는 다음의 **소득별**로 당해연도 양도소득에서 각각 250만원을 공제한다. 다음의 소득별이란 ㉠끼리의 소득별, ㉡끼리의 소득별, ㉢끼리의 소득별을 말하므로 **자산별이 아님**에 유념한다.

㉠ 부동산·부동산에 관한 권리·기타자산

㉡ 주식 및 출자지분

㉢ 파생상품

> **제102조(양도소득금액의 구분 계산 등)**
> ① 양도소득금액은 다음 각 ㉠㉡㉢의 소득별로 구분하여 계산한다. 이 경우 소득금액을 계산할 때 발생하는 결
>   손금은 다른 ㉠㉡㉢의소득금액과 합산하지 아니한다.
>   ㉠ 토지·건물·부동산에 관한권리, 기타 자산
>   ㉡ 대주주의 상장주식·비상장주식
>   ㉢ 파생상품
> ② ㉠㉡㉢**별로** 발생한 양도소득금액에서 그 양도차손을 공제한다.

④ **국외**자산은 **국내 자산과 별개**로 **기본공제 적용**된다. 국외자산은 국내자산과 별개로 기본공제 적용되므로 국외 부동산 그룹은 국외 부동산 그룹끼리 통산된다. 국내 부동산의 결손금은 국외 부동산의 양도소득금액에서 공제되지 아니한다.

> **주의** **장기보유특별공제는 국외자산에 대해 적용되지 아니**한다.

⑤ 양도소득금액에 소득세법 또는 조세특례제한법이나, 그 밖의 법률에 따른 감면소득이 있는 경우에는 그 감면소득금액 외의 양도소득금액에서 먼저 공제하고, 감면소득 외의 양도소득금액 중에서는 해당 과세기간에 먼저 양도한 자산의 양도소득금액에서부터 **순서대로 공제**한다.

> **주의** 당해연도에서 발생한 **양도차손은 다음연도로 이월되지 않고 당해연도에 소멸**됨에 유념

문 100선

01 **다음 항목은 양도소득기본공제에 대한 내용이다. 틀린 것은 몇 개인가?**

> • 양도소득금액이 있는 거주자에게(소득자별로서) 소득금액별로 250만원 공제한다.
> • 미등기(부동산, 부동산에 관한 권리)의 경우 기본공제를 받을 수 없다.
>   * 기본공제는 보유기간에 따라 차등 공제한다.
> • 순차 공제한다.
>   * 1세대 2주택으로 조정지역내의 주택을 양도하여 10%의 할증세율이 적용된 경우는 기본공제
>   받을 수 없다.
> • 양도소득금액에서는 해당 과세기간에 먼저 양도한 자산의 양도소득금액에서부터 순서대로 공
>   제한다.
>   * 국외자산의 양도의 경우는 장기보유특별공제 및 기본공제는 적용되지 아니한다.
>   * 국내거주자가 토지와 주식을 양도하는 경우 각각 발생한 결손금은 양도소득금액 계산시 이
>   를 공제한다.
>   * 배우자부터 증여받은 토지·건물 또는 시설물이용·회원권을 5년 이내 제3자에게 양도한 경
>   우의 소득세법상 증여이월과세규정에 적용되는 경우 기본공제는 적용되지 아니한다.

① 1개   ② 2개   ③ 3개
④ 4개   ⑤ 5개

정답 ⑤

해설 * 기본공제는 보유기간과 무관하다.
  * 1세대 2주택으로 조정지역내의 주택을 양도하여 10%의 할증세율이 적용된 경우는 기본공제 적용된다.
  * 국외자산의 양도의 경우는 장기보유특별공제 적용되지 아니하나, 기본공제는 적용된다.
  * 국내거주자가 토지와 주식을 양도하는 경우 각각 발생한 결손금은 양도소득금액 계산시 이를 공제하지 못한다. 부동산 그룹에서 발생한 양도차손은 같은 부동산그룹에서 발생한 양도소득금액에서 공제한다.
  * 증여이월과세규정에 적용되는 경우 기본공제는 적용한다.

02 과세되는 3주택 모두를 동일연도에 양도한 경우 양도 자산마다 양도소득의 기본공제 250만원씩 적용된다. (○, ×)

정답 ×

해설 동일년도에 부동산 그룹으로 양도한 경우이니, 소득별로 250만원 공제된다.

03 부동산에 관한 권리의 양도로 발생한 양도차손은 토지의 양도에서 발생한 양도소득금액에서 공제할 수 없다. (○, ×)
제31회

정답 ×

해설 국내거주자가 토지와 주식을 양도하는 경우 각각 발생한 결손금은 양도소득금액 계산시 이를 공제하지 못한다. 부동산 그룹에서 발생한 양도차손은 같은 부동산그룹에서 발생한 양도소득금액에서 공제한다.

04 국외자산의 양도에 대한 양도소득이 있는 거주자는 양도소득 기본공제는 적용받을 수 있으나 장기보유 특별공제는 적용받을 수 없다. (○, ×)
제35회

정답 ○

05 국외 부동산을 양도하여 발생한 양도차손은 동일한 과세기간에 국내 부동산을 양도하여 발생한 양도소득금액에서 통산할 수 있다. (○, ×) 제35회

정답 ×

해설 국외부동산 양도 경우 국내와 별개로 기본공제가 적용되니 국외와 국내는 통산할 수 없다.

---

04 양도소득세 세율

출제빈도 제13회, 제22회, 제27회, 제34회
양도소득세의 세율을 이해하기 위해서는 개정된 년도의 사회적 배경을 알고, 자산별·보유기간별로 정리하면 쉽게 구분하여 문제를 풀 수 있다. 문제풀이 요령으로 양도소득 세율문제를 해결할 수 있다.

(1) 양도소득 산출세액

양도소득 과세표준(×)표준세율 = 양도소득 산출세액

(2) 양도소득 표준세율

① 하나의 자산이 둘 이상의 세율이 적용될 때에는 해당 세율을 적용하여 계산한 양도소득 산출세액 중 큰 것을 그 세액으로 한다.

② 양도소득의 각 자산 별 표준세율
  ㉠ 미등기 : 70%
  ㉡ 보유 1년 미만 부동산·부동산권리 : 50%(주택, 조합원입주권·분양권 제외)
  ㉢ 보유 1년 이상~2년 미만 부동산·부동산권리 : 40%(주택, 조합원입주권·분양권 제외)
  ㉣ 보유 2년 이상 부동산·부동산 권리(분양권, 비사업용토지 제외) : 6%~45%의 누진세율

  ㉤ 주택 및 조합원입주권·분양권

  ⓐ 보유 1년 미만인 주택 및 조합원입주권·분양권의 양도는 70%
  ⓑ 보유 1년 이상~보유 2년 미만 주택 및 조합원입주권·분양권의 양도는 60%
  ⓒ 보유 2년 이상인 분양권을 제외한 주택 및 조합원입주권의 양도는 과세표준 가액에 따라 6%~45%의 누진세율

> **문제풀이 요령** • 양도소득세의 세율문제일 때 "주택·입주권·분양권" 단어가 있는가, 없는가를 살펴보고
> **없으면 보유 1년 이상~2년 미만일 때 40%, 보유 1년 미만일 때 50%**
> • **"주택·입주권·분양권" 단어가 있으면 보유 1년 이상~2년 미만일 때 60%, 보유 1년 미만일 때 70%**
> • **분양권과 비사업용 토지를 제외한 보유 2년 이상이면** 6%~45%의 누진세율
>   − 2년 이상 분양권 : 60%
>   − 2년 이상 비사업용 토지 : 16%~56% 누진세율

주의 **국외**자산, 기타자산은 등기여부·보유 관계없이 6%~45%의 **누진세율**이다. 즉, **미등기국외**자산 양도의 경우 ⇨ 6%~45%의 누진세율

ⓑ 양도소득세율 적용시 보유기간

양도소득세율 적용시 보유기간은 당해 자산 취득일로부터 양도일까지로 한다. 단, **상속**의 경우는 피상속인의 취득일로부터 양도일까지로 한다.

> **문제풀이 요령** **상속—세율**로 **연결**되면 취득시기는 피상속인의 취득일로 기산, 상속 나오고 세율단어가 없으면 상속개시일로 기산한다.

문 100선

01 「소득세법」상 양도소득세에 있어서 초과누진세율이 적용되는 경우로서 옳은 것은?

① 미등기 국외 토지를 6개월 보유하고 양도한 경우 또는 회원제 골프회원권으로서 보유기간이 6개월인 경우

② 등기된 토지 또는 건물로서 보유기간이 8개월인 경우

③ 보유기간이 1년 2개월인 경우의 아파트 분양권의 양도한 경우 또는 보유기간이 1년 10개월인 조합원의 입주권을 양도한 경우

④ 1세대 3주택으로서 보유기간이 7개월인 주택을 양도한 경우

⑤ 보유기간이 2년 이상인 아파트 분양권

정답 ①

해설 ① 국외 부동산 및 기타자산은 등기여부, 보유기간 따지지 않고, 6%~45%의 누진세율이 적용된다.

② 등기된 토지 또는 건물로서 보유기간이 8개월인 경우 ⇨ 50%

③ 보유기간이 1년 2개월인 경우의 아파트 분양권의 양도한 경우 또는 보유기간이 1년 10개월인 조합원의 입주권을 양도한 경우 ⇨ 60%

④ 1세대 3주택으로서 보유기간이 7개월인 주택을 양도한 경우 ⇨ 70%

⑤ 보유기간이 2년 이상인 아파트 분양권 ⇨ 60%

02 소득세법령상 거주자의 양도소득과세표준에 적용되는 세율에 관한 내용으로 옳은 것은? (단, 국내소재 자산을 2025년에 양도한 경우로서 주어진 자산 외에 다른 자산은 없으며, 비과세와 감면은 고려하지 않음) 제34회

① 보유기간이 6개월인 등기된 상가건물: 100분의 40
② 보유기간이 10개월인 「소득세법」에 따른 분양권: 100분의 70
③ 보유기간이 1년 6개월인 등기된 상가건물: 100분의 30
④ 보유기간이 1년 10개월인 「소득세법」에 따른 조합원입주권: 100분의 70
⑤ 보유기간이 2년 6개월인 「소득세법」에 따른 분양권: 100분의 50

정답 ②

해설 ① 보유기간이 6개월인 등기된 상가건물: 100분의 50
   ③ 보유기간이 1년 6개월인 등기된 상가건물: 100분의 40
   ④ 보유기간이 1년 10개월인 「소득세법」에 따른 조합원입주권: 100분의 60
   ⑤ 보유기간이 2년 6개월인 「소득세법」에 따른 분양권: 100분의 60

03 「소득세법」상 등기된 국내 부동산에 대한 양도소득세 표준세율에 관한 내용으로 옳은 것은?

① 1년 6개월 보유한 1주택의 양도: 100분의 40
② 2년 1개월 보유한 조정지역 내의 상가건물의 양도: 100분의 40
③ 10개월 보유한 상가건물의 양도: 100분의 50
④ 6개월 보유한 1주택의 양도: 100분의 30
⑤ 1년 8개월 보유한 아파트 분양권 양도: 100분의 50

정답 ③

해설 ① 1년 6개월 보유한 1주택의 양도: 100분의 60
   ② 2년 1개월 보유한 조정지역 내의 상가건물의 양도: 6%~45%의 누진세율
   ④ 6개월 보유한 1주택의 양도: 100분의 70
   ⑤ 1년 8개월 보유한 아파트 분양권 양도: 100분의 60

04 피상속인 1년 8개월 보유한 토지를 상속 받아 1년 7개월 보유하고 양도한 경우 장기보유특별공제는 적용되지 아니하고, 기본공제를 적용한 과세표준에 적용할 세율은 6%~45% 누진세율이 적용된다. (○, ×)

정답 ○

해설 상속의 경우 일반적으로 취득시기는 상속개시일, 세율 적용의 경우 취득시기는 피상속인의 취득일로 기산한다.

05 미등기 자산의 양도

출제빈도 제13회, 제19회, 제22회, 제27회, 제29회, 제32회
미등기자산의 양도의 경우는 양도소득세 계산구조를 전반적으로 알고 있는지의 여부를 파악하고자 출제된다.
미등기의 불이익을 알면 이러한 문제는 자연스럽게 해결된다.

(1) 미등기 자산 양도의 경우 과세표준 = 양도차익이 곧 과세표준

(2) **미등기자산 양도시 적용되지 아니한 것**
　　① 장기보유특별공제
　　② 기본공제
　　③ 비과세
　　④ 감면

(3) **미등기자산 양도시 적용 가능**
　　① **필요경비 공제가능**
　　② 양도·취득시기
　　③ **분납**

(4) **미등기제외 자산** = **미등기이지만** <u>미등기로 보지 아니하는 자산</u> = 등기된 것

　　① <u>장기할부조건으로 취득</u>한 자산으로 그 계약조건에 의하여 양도 당시 취득에 관한 등기가 불가능한 자산
　　② <u>법률의 규정 또는 법원의 결정</u>에 의하여 양도 당시 그 자산의 취득에 관한 등기가 불가능한 자산
　　③ 비과세요건을 충족한 교환·분합하는 농지, 대토하는 농지 및 면제요건을 충족한 자경농지
　　④ 비과세요건을 충족한 1세대 1주택으로서 건축법에 의한 건축허가를 받지 않아 등기가 불가능한 자산
　　⑤ 도시개발법에 따라 **도시개발사업이 종료되지 아니**하여 토지 취득등기를 하지 아니하고 양도하는 토지
　　⑥ 건설업자가 도시개발법에 따라 공사용역 대가로 취득한 **체비지**를 토지**구획환지처분공고 전에 양도**하는 토지

문 100선

01 소득세법상 미등기양도제외자산을 모두 고른 것은? 제32회

> ㉠ 양도소득세 비과세요건을 충족한 1세대 1주택으로서 「건축법」에 따른 건축허가를 받지 아니하여 등기가 불가능한 자산
> ㉡ 법원의 결정에 의하여 양도 당시 그 자산의 취득에 관한 등기가 불가능한 자산
> ㉢ 「도시개발법」에 따른 도시개발사업이 종료되지 아니하여 토지 취득등기를 하지 아니하고 양도하는 토지

① ㉠   ② ㉡   ③ ㉠, ㉡
④ ㉡, ㉢   ⑤ ㉠, ㉡, ㉢

정답 ⑤

02 법원의 결정에 의하여 양도당시 취득에 관한 등기가 불가능한 부동산에 대하여는 장기보유특별공제 적용되지 아니한다. (○, ×)

정답 ×

해설 법원의 결정에 의하여 양도당시 취득에 관한 등기가 불가능한 부동산은 미등기 제외자산으로 등기된 것으로 보아 장기보유특별공제 또는 기본공제 적용된다.

03 소득세법상 미등기양도자산에 관한 설명으로 옳은 것은? 제29회

① 미등기양도자산도 양도소득에 대한 소득세의 비과세에 관한 규정을 적용할 수 있다.
② 건설업자가 도시개발법에 따라 공사용역 대가로 취득한 체비지를 토지구획환지처분공고 전에 양도하는 토지는 미등기양도자산에 해당하지 아니한다.
③ 미등기양도자산의 양도소득금액 계산시 양도소득 기본공제를 적용할 수 있다.
④ 미등기양도자산은 양도소득산출세액에 100분의 70을 곱한 금액을 양도소득 결정세액에 더한다.
⑤ 미등기양도자산의 양도소득금액 계산시 장기보유특별공제를 적용할 수 있다.

정답 ②

해설 ① 미등기양도자산도 양도소득에 대한 소득세의 비과세에 관한 규정을 적용할 수 없다.
③ 미등기양도자산의 양도소득금액 계산시 양도소득 기본공제를 적용할 수 없다.
④ 미등기양도자산은 양도소득과세표준에 100분의 70 표준세율을 곱한 금액을 양도소득 산출세액으로 한다.
⑤ 미등기양도자산의 양도소득금액 계산시 장기보유특별공제를 적용할 수 없다.

04 미등기 토지를 양도한 경우에도 적용될 수 있는 것은?

① 양도소득세의 비과세　　　　　② 양도소득 기본공제
③ 필요경비 개산공제, 분납　　　④ 장기보유 특별공제
⑤ 양도소득세의 감면

정답 ③

---

06 이월과세 · 특수관계인에게 증여 후 양도(우회 양도)

1 이월과세

> **출제빈도** 제17회, 제19회, 제21회, 제23회, 제25회, 제32회, 제33회, 제35회
> 이월과세는 문제가 어렵게 출제될 때 나오는 문제로 "배우자가 증여받아 10년 내에 양도"라는 글이 있으면
> 이월과세 문제라고 생각하면 된다.

(Ⅰ) 소득세법 제97조의2

제97조의2【양도소득의 필요경비 계산 특례】 ① 거주자가 양도일부터 소급하여 **10년 이내**에 그 배우자(양도 당시 혼인관계가 소멸된 경우를 포함하되, **사망으로 혼인관계가 소멸된 경우는 제외**한다) 또는 직계존비속으로부터 증여받은 토지, 건물, 부동산을 취득할 수 있는 권리(건물이 완성되는 때에 그 건물과 이에 딸린 토지를 취득할 수 있는 권리를 포함한다), 회원권에 따른 자산의 양도차익을 계산할 때 양도가액에서 공제할 **취득가액은 증여한 배우자 또는 직계존비속의 취득 당시 금액**으로 한다. 이 경우 거주자가 증여받은 자산에 대하여 **납부하였거나 납부할 증여세상당액**이 있는 경우에는 **필요경비에 산입**한다.
② 다음 각 ㉠㉡㉢의 어느 하나에 해당하는 경우에는 제1항을 적용하지 아니한다.
　㉠ 사업인정고시일부터 소급하여 2년 이전에 증여받은 경우로서 공익사업을 위한 토지 등의 취득 및 보상에 관한 법률이나 그 밖의 법률에 따라 협의매수 또는 **수용**된 경우
　㉡ 1세대 1주택[같은 호에 따라 양도소득의 비과세대상에서 제외되는 **고가주택**(이에 딸린 토지를 포함한다)을 **포함**한다]의 양도에 해당하게 되는 경우
　㉢ 제1항을 적용하여 계산한 양도소득 결정세액이 제1항을 적용하지 아니하고 계산한 양도소득 결정세액보다 **적은 경우**

ⓐ 이월과세 경우 **취득일**	증여자의 취득일
ⓑ 이월과세 경우 **이미 납부된 증여세액**	**필요경비에 포함**한다.
ⓒ 이월과세 경우 **납세의무자**	증여받은 자인 배우자
ⓓ **배우자끼리는 연대납세의무가 없다**(이월과세 경우는 연대납세의무가 없다).	

ⓔ 이월과세가 적용되지 아니한 경우	• 수용된 경우 • 1세대 1주택(고가주택 포함)의 양도 • 이월과세를 적용하여 결정세액이 이월과세적용 아니한 세액보다 적은 경우

⑵ 특수관계인에게 증여 후 양도(우회양도)

① 소득세법 제101조(양도소득의 부당행위계산)

거주자가 제1항에서 규정하는 특수관계인(**배우자 및 직계존비속의 경우는 제외**한다)에게 자산을 증여한 후 그 자산을 증여받은 자가 그 **증여일부터 10년 이내에** 다시 타인에게 양도한 경우로서 특수관계자가 **부담한 증여세와 양도소득세의 합계액이** 증여자가 직접 양도하였다고 가정할 경우에 **부담할 양도소득세보다 적다면** 증여자가 그 자산을 직접 양도한 것으로 본다(이 경우 **기 납부된 증여세는 환급**된다). 다만, 양도소득이 해당 수증자에게 실질적으로 귀속된 경우에는 그러하지 아니하다(소득세법 제101조 제2항).

특수관계인과의 거래로 **증여자에게 양도소득세 부과**하는 경우(**합계액이 적을 때**) 이미 **납부한 증여세는 환급**된다.

㉠ 특수관계인에게 증여 후의 양도의 양도소득 납세의무자	증여자
㉡ 특수관계인에게 증여 후의 양도의 양도소득세 **취득시기**	증여자의 취득일
㉢ 특수관계인에게 증여 후의 양도의 **이미 납부한 증여세**	환급
㉣ 특수관계인에게 증여 후의 양도의 **연대납세의무**	있다.

문 100선

01 소득세법상 배우자 간 증여재산의 이월과세에 관한 설명으로 옳은 것은?

① 이월과세를 적용하는 경우 거주자가 배우자로부터 증여받은 자산에 대하여 납부한 증여세를 필요경비에 산입하지 아니한다.

② 이월과세를 적용받은 자산의 보유기간은 증여한 배우자가 그 자산을 증여한 날을 취득일로 본다.

③ 거주자가 양도일부터 소급하여 10년 이내에 그 배우자(양도 당시 사망으로 혼인관계가 소멸된 경우 포함)로부터 증여받은 토지를 양도할 경우에 이월과세를 적용한다.

④ 거주자가 사업인정고시일부터 소급하여 2년 이전에 배우자로부터 증여받은 경우로서 「공익사업을 위한 토지 등의 취득 및 보상에 관한 법률」에 따라 수용된 경우에는 이월과세를 적용하지 아니한다.

⑤ 이월과세를 적용하여 계산한 양도소득결정세액이 이월과세를 적용하지 않고 계산한 양도소득결정세액보다 적은 경우에 이월과세를 적용한다.

정답 ④

해설 ① 이월과세 적용된 이미 납부한 증여세는 필요경비에 포함한다.
② 이월과세를 적용받은 자산의 취득일은 증여한 배우자의 취득일을 취득일로 본다.
③ 배우자(양도 당시 혼인관계가 소멸된 경우를 포함하되, 사망으로 혼인관계가 소멸된 경우는 제외한다)
⑤ 이월과세를 적용하여 계산한 양도소득결정세액이 이월과세를 적용하지 않고 계산한 양도소득결정세액보다 적은 경우에 이월과세를 적용하지 아니한다.

02 소득세법상 거주자 甲이 특수관계자인 거주자 乙에게 등기된 국내 소재의 건물(주택 아님)을 증여하고 乙이 그로부터 10년 내 그 건물을 甲·乙과 특수관계 없는 거주자 丙에게 양도한 경우에 관한 설명으로 틀린 것은?

① 乙이 甲의 배우자인 경우, 乙의 양도차익 계산시 취득가액은 甲이 건물을 취득한 당시의 취득가액으로 한다.
② 乙이 甲의 배우자 및 직계존비속 외의 자인 경우 乙의 증여세와 양도소득세를 합한 세액이 甲이 직접 丙에게 건물을 양도한 것으로 보아 계산한 양도소득세보다 적은 때에는 甲이 丙에게 직접 양도한 것으로 본다.
③ ②의 경우 양도소득세의 납세의무자는 양도한 자인 乙이며, 이미 납부한 증여세는 필요경비에 포함한다.
④ ①②의 경우 건물에 대한 장기보유특별공제액은 건물의 양도차익에 甲이 건물을 취득한 날부터 기산한 보유기간별 공제율을 곱하여 계산한다.
⑤ ①의 경우에 해당되는 양도소득세의 과세대상 물건은 토지·건물·특정시설물회원권·부동산취득권리이나, ②에 해당하는 물건은 양도소득세 과세대상에 해당하는 물건을 말한다.

정답 ③

해설 ③ 특수관계인과의 거래로 乙의 증여세와 양도소득세를 합한 세액이 甲이 직접 丙에게 건물을 양도한 것으로 보아 계산한 양도소득세보다 적은 때에는 甲이 丙에게 직접 양도한 것으로 본다. 이때의 납세의무자는 증여자인 甲이다. 증여자가 납세의무자인 경우의 이미 납부한 증여세는 환급된다.

03 특수관계인에게 증여한 자산에 대해 증여자인 거주자에게 양도소득세가 과세되는 경우 수증자가 부담한 증여세 상당액은 양도가액에서 공제할 필요경비에 산입한다. (○, ×) 제31회

정답 ×

해설 특수관계인에게 증여 후 양도인 경우로 기납부된 증여세는 환급된다.

04 다음 자료를 기초로 할 때 소득세법령상 국내 토지A에 대한 양도소득세에 관한 설명으로 옳은 것은? (단, 甲, 乙, 丙은 모두 거주자임) 제35회

- 甲은 2018.6.20. 토지A를 3억원에 취득하였으며, 2020.5.15. 토지A에 대한 자본적 지출로 5천만원을 지출하였다.
- 乙은 2022.7.1. 배우자인 甲으로부터 토지 A를 증여받아 2022.7.25. 소유권이전등기를 마쳤다(토지A의 증여 당시 시가는 6억원임).
- 乙은 2025.10.20. 토지A를 甲 또는 乙과 특수 관계가 없는 丙에게 10억원에 양도하였다.
- 토지A는 법령상 협의매수 또는 수용된 적이 없으며, 소득세법 제97조의2 양도소득의 필요 경비 계산 특례(이월과세)를 적용하여 계산한 양도소득 결정세액이 이를 적용하지 않고 계산한 양도소득 결정세액보다 크다고 가정한다.

① 양도차익 계산시 양도가액에서 공제할 취득가액은 6억원이다.
② 양도차익 계산시 甲이 지출한 자본적 지출액 5천만원은 양도가액에서 공제할 수 없다.
③ 양도차익 계산시 乙이 납부하였거나 납부할 증여세 상당액이 있는 경우 양도차익을 한도로 필요경비에 산입한다.
④ 장기보유 특별공제액 계산 및 세율 적용시 보유기간은 乙의 취득일부터 양도일까지의 기간으로 한다.
⑤ 甲과 乙은 양도소득세에 대하여 연대납세의무를 진다.

정답 ③

해설 ① 양도차익 계산시 양도가액에서 공제할 취득가액은 3억원이다.
② 양도차익 계산시 甲이 지출한 자본적 지출액 5천만원은 양도가액에서 공제할 수 있다.
④ 장기보유 특별공제액 계산 및 세율 적용시 보유기간은 甲의 취득일부터 양도일까지의 기간으로 한다.
⑤ 甲과 乙은 양도소득세에 대하여 연대납세의무가 없다.

제5절　양도소득세 신고납부(예정신고납부 · 확정신고납부)

> **출제빈도**　제16회, 제17회, 제22회, 제26회, 제29회, 제31회, 제32회, 제33회, 제35회
> 예정신고 · 확정신고 자체의 개별문제로는 자주 출제되지 않았으나, 양도소득세의 전체를 묻는 문제에서 선다 ①②③④⑤에는 단골로 출제되고 있다. 이는 예정신고의 납부기간 또는 무신고의 경우 가산세에 대해 확정신고 와 비교하여 학습 정리하여야 한다.

01　양도소득세의 납세의무

(1) 납세의무 성립

　　과세기간이 끝나는 때 납세의무가 성립된다. 예정신고의 경우는 과세표준이 되는 금액이 발생한 달의 말일에 납세의무가 성립된다.

(2) 납세의무의 확정

　　납세의무자의 신고에 세액이 확정된다. 신고하지 아니한 경우 세무서장이 세액을 결정하여 고지서 발부로 징수한다.

02　예정신고납부

1　예정신고 기간

(1) 양도일이 속하는 달의 말일로부터 2개월 이내(국토의 계획 및 이용에 관한 법률)에 따른 토지거래계약 에 관한 허가구역에 있는 토지를 양도할 때 토지거래계약허가를 받기 전에 대금을 청산한 경우에는 그 허가일이 속하는 달의 말일부터 2개월로 한다)

(2) 부담부증여의 채무액에 해당하는 부분으로서 양도로 보는 경우의 예정신고기한：그 양도일이 속하는 달의 말일부터 3개월

(3) 양도차손이 있거나, 양도차익이 없더라도 예정신고 또는 확정신고한다.

(4) 예정신고를 한 경우에는 확정 신고를 아니할 수 있다.
　　단, 해당 과세기간에 누진세율 적용대상 자산에 대한 예정신고를 2회 이상 하는 경우로서 거주자 가 이미 신고한 양도소득금액과 합산하여 신고하려는 경우에는 확정신고한다.

(5) 예정신고를 이행한 경우에도 예정신고세액공제는 없고 예정신고 이행하지 아니한 경우 가산세 규정을 주고 있다.

　　① **예정신고세액공제 없음**

　　② **무신고가산세 20% 적용(과소신고：10%)**

③ 예정신고를 이행하지 아니하고, 확정신고한 경우에는 무신고 가산세에서 50% 감면되어 이 경우는 무신고 가산세가 납부세액의 10% 가산된다.

(6) 분납 : 예정신고 또는 확정신고시 가능

② 양도소득 확정신고와 납부

(1) 양도소득과세표준 확정신고

① 해당 과세기간의 양도소득금액이 있는 거주자는 그 양도소득과세표준을 <u>그 과세기간의 다음 연도 5월 1일부터 5월 31일까지</u>(국토의 계획 및 이용에 관한 법률에 따른 토지거래계약에 따른 토지거래계약에 관한 허가일이 속하는 과세기간의 다음 연도 5월 1일부터 5월 31일까지) 양도소득과세표준 확정신고 및 납부계산서에 법정서류를 첨부하여 납세지 관할 세무서장에게 신고하여야 한다.

② 이 경우 해당 과세기간의 <u>과세표준이 없거나 결손금액이 있는 경우에도 확정신고한다.</u>

③ 양도소득세의 분납(물납은 없다)

거주자로서 양도소득세로 납부할 세액이 각각 **1,000만원을 초과**하는 자는 다음의 금액(= **일부**금액) 을 납부기한 경과 후 **2개월 이내에 분납**할 수 있다.

(1) 일부금액

① 납부할 세액이 2,000만원 이하인 때 일부금액은 1,000만원을 초과하는 금액
② 납부할 세액이 2,000만원을 초과하는 때의 일부금액은 그 세액의 50% 이하의 금액

문 100선

01 소득세법상 거주자의 양도소득과세표준의 신고 및 납부에 관한 설명으로 옳은 것은?

① 2025년 3월 21일에 주택을 양도하고 잔금을 청산한 경우 2025년 6월 30일에 예정신고할 수 있다.
② 사촌 동생인 乙에게 2025년 5월 25일에 증여하였다. 사촌 동생인 乙은 그 토지에 의하여 담보된 甲의 은행 대출채무를 인수하였다. 이 경우 수증자가 2025년 9월 30일까지 예정신고할 수 있다.
③ 양도차손이 발생한 경우 예정신고하지 아니한다.
④ 양도한 자산의 과세표준이 없거나, 결손금이 발생한 경우로 예정신고 하지 아니한 경우 확정신고하여야 한다. 확정신고한 경우 무신고 가산세는 가산되지 아니한다.
⑤ 예정신고하지 않은 거주자가 해당 과세기간의 과세표준이 없는 경우 확정신고한다.

정답 ⑤

해설 ① 2025년 3월 21일에 주택을 양도하고 잔금을 청산한 경우 2025년 5월 31일까지 예정신고할 수 있다.

② 사촌 동생인 乙에게 2025년 5월 25일에 증여하였다. 사촌 동생인 乙은 그 토지에 의하여 담보된 甲의 은행 대출채무를 인수하였다. 이 경우 증여자가 2025년 8월 31일까지 예정신고할 수 있다.

③ 양도차손이 발생한 경우 예정신고한다.

④ 양도한 자산의 과세표준이 없거나, 결손금이 발생한 경우로 예정신고 하지 아니한 경우 확정신고 하여야 한다. 확정신고한 경우 무신고 가산세는 50% 감면으로 10% 가산된다.

02 예정신고를 한 자는 해당 소득에 대한 확정신고를 하지 아니할 수 있다. 다만, 해당 과세기간에 누진세율 적용대상 자산에 대한 예정신고를 2회 이상 하는 경우는 확정신고한다. (○, ×)

정답 ○

03 부담부증여의 채무액에 해당하는 부분으로서 양도로 보는 경우에는 그 양도일이 속하는 달의 말일부터 2개월 이내에 양도소득세를 신고하여야 한다. (○, ×) 제35회

정답 ×

해설 그 양도일이 속하는 달의 말일부터 3개월 이내에 양도소득세를 신고

04 **소득세법상 거주자의 양도소득과세표준의 신고 및 납부에 관한 설명으로 옳은 것은?**

① 2025년 3월 21일에 주택을 양도하고 잔금을 청산한 경우 2025년 6월 30일에 예정신고할 수 있다.

② 확정신고납부시 납부할 세액이 1천 6백만원인 경우 6백만원을 분납할 수 있다.

③ 예정신고납부시 납부할 세액이 2천만원인 경우 분납할 수 없다.

④ 양도차손이 발생한 경우 예정신고하지 아니한다.

⑤ 예정신고하지 않은 거주자가 해당 과서기간의 과세표준이 없는 경우 확정 신고하지 아니한다.

 ②

 ① 2025년 3월 21일에 주택을 양도하고 잔금을 청산한 경우 2025년 5월 31일까지 예정신고할 수 있다.
③ 예정신고납부시 납부할 세액이 2천만원인 경우 분납할 수 있다.
④ 양도차손이 발생한 경우 예정신고하여야 한다.
⑤ 예정신고하지 않은 거주자가 해당 과세기간의 과세표준이 없는 경우 확정 신고하여야 한다.

05 예정신고를 이행한 경우에도 예정신고세액공제는 없고 이행하지 아니한 경우 가산세 규정을 두고 있다. (○, ×) 제31회, 제33회

 ○

제6절 | 국외 자산의 양도

> **출제빈도** 제23회, 제25회, 제27회, 제30회, 제31회, 제32회, 제35회
> 국외자산의 양도는 양도일까지 5년 이상 국내에 주소를 둔 거주자에게 납세의무를 부여하며 이에 관련 이론은 최근 자주 출제되고 있다.

01 국외 자산의 양도

1 국외자산 양도소득의 범위

거주자(국내에 당해자산의 양도일까지 **5년 이상 주소** 또는 거소를 둔 자에 한함)의 국외에 있는 자산의 양도에 대해 **납세의무가 있다.**

(1) 부동산 임차권
① 국내자산의 경우 ⇨ 등기된 부동산 임차권만 과세
② 국외자산의 경우 ⇨ 등기·미등기 모두 과세

⑵ 양도소득세의 계산

① 양도소득세의 계산구조

국외자산양도의 양도소득세 계산구조는 '양도소득세 계산구조'를 준용한다(단, **장기보유 특별공제 배제)(기본공제는 적용).**

② **양도가액**: 국외자산의 양도가액은 당해 자산의 양도 당시의 <u>실지거래가액</u>으로 한다. 실지거래가를 알 수 없을 때는 시가로 한다. 실지거래가액으로 적용되므로 **필요경비개산공제는 적용되지 아니**한다.

③ 세율: 국외자산의 부동산에 대한 양도소득세는 등기여부에 관계없이, 보유기간에 관계없이 6%~45%까지의 누진세율로 적용

④ 외국납부세액공제

외국납부세액공제와 양도소득금액 계산상 **필요경비에 산입하는 방법 중 하나를 선택**하여 적용받을 수 있다(**환율은 기준환율 또는 재정환율로 적용**).

> **│ 문제풀이 요령 │** 1. 국외 자산양도시 적용되지 않는 것
> ① 장기보유특별공제
> ② 기준시가
> ③ 필요경비개산공제
> ④ 환차익
> ⑤ 물납
> 2. 국외 자산양도시 적용되는 것 : 대표적으로 분납, 기본공제

문 100선

01 다음은 국외자산에 대한 양도소득세를 설명하고 있다. 옳은 것은?

① 국외자산의 양도가액은 실지거래가액이 있더라도 양도 당시 현황을 반영한 시가에 의하는 것이 원칙이다.

② 국외주택에 대한 양도차익은 양도가액에서 취득가액과 필요경비개산공제를 차감하여 계산한다.

③ 등기·미등기 부동산임차권 모두 과세한다.

④ 양도차익 계산시 필요경비의 외화환산은 지출일 현재 외국환거래법에 의한 기준환율만 적용되며, 외환 차익을 포함한다.

⑤ 15년 이상 보유한 국외 토지·건물의 장기보유특별공제는 양도차익의 30%이다.

정답 ③

해설 ① 국외자산의 양도가액의 원칙은 실지거래가이다.

② 필요경비개산공제는 기준시가일 때 필요경비에 적용된다. 국외 자산의 양도의 경우 기준시가는 적용되지 아니하여, 필요경비개산공제 적용되지 않고, 실지거래가에 의한 필요경비인 실지취득가액, 자본적지출, 양도비용이 적용된다.

④ 재정환율도적용, 외환차익은 제외한다.

⑤ 국외의 경우 장기보유특별공제는 적용하지 아니한다.

02 국외자산의 양도소득에 대하여 당해 외국에서 납부하였거나 납부할 국외자산 양도소득세액이 있는 경우에는 외국납부세액공제와 양도소득금액 계산상 필요경비에 산입하는 방법 중 하나를 선택하여 적용받을 수 있다. (○, ×)

정답 ○

03 소득세법령상 거주자가 2025년에 양도한 국외자산의 양도소득세에 관한 설명으로 틀린 것은? (단, 거주자는 해당 국외자산 양도일까지 계속 5년 이상 국내에 주소를 두고 있다) 제35회

① 국외자산의 양도에 대한 양도소득이 있는 거주자는 양도소득 기본공제는 적용받을 수 있으나 장기보유 특별공제는 적용받을 수 없다.

② 국외 부동산을 양도하여 발생한 양도차손은 동일한 과세기간에 국내 부동산을 양도하여 발생한 양도소득금액에서 통산할 수 있다.

③ 국외 양도자산이 부동산임차권인 경우 등기여부와 관계없이 양도소득세가 과세된다.

④ 국외자산의 양도가액은 그 자산의 양도 당시의 실지거래가액으로 한다. 다만, 양도 당시의 실지거래가액을 확인할 수 없는 경우에는 양도자산이 소재하는 국가의 양도 당시 현황을 반영한 시가에 따른다.

⑤ 국외 양도자산이 양도 당시 거주자가 소유한 유일한 주택으로서 보유기간이 2년 이상인 경우에도 1세대 1주택 비과세 규정을 적용받을 수 없다.

정답 ②

해설 ② 국외 부동산을 양도하여 발생한 양도차손은 동일한 과세기간에 국내 부동산을 양도하여 발생한 양도소득금액에서 통산할 수 없다.

04 거주자 甲은 2015년에 국외에 1채의 주택을 미화 1십만 달러(취득자금 중 일부 외화 차입)에 취득하였고, 2025년에 동 주택을 미화 2십만 달러에 양도하였다. 이 경우 소득세법상 설명으로 틀린 것은? (단, 甲은 해당자산의 양도일까지 계속 5년 이상 국내에 주소를 둠) 제32회

① 甲의 국외주택에 대한 양도차익은 양도가액에서 취득가액과 필요경비개산공제를 차감하여 계산한다.

② 甲의 국외주택 양도로 발생하는 소득이 환율변동으로 인하여 외화차입금으로부터 발생하는 환차익을 포함하고 있는 경우에는 해당 환차익을 양도소득의 범위에서 제외한다.

③ 甲의 국외주택 양도에 대해서는 해당 과세기간의 양도소득금액에서 연 250만원을 공제한다.

④ 甲은 국외주택을 3년 이상 보유하였음에도 불구하고 장기보유특별공제액은 공제하지 아니한다.

⑤ 甲은 국외주택의 양도에 대하여 양도소득세의 납세의무가 있다.

정답 ①

해설 ① 필요경비개산공제는 기준시가일 때 필요경비에 적용된다. 국외 자산의 양도의 경우 기준시가는 적용되지 아니하여, 필요경비개산공제 적용되지 않고, 실지거래가에 의한 필요경비인 실지취득가액, 자본적지출, 양도비용이 적용된다.

05 국내에 5년 이상 주소를 둔 거주자가 1년 미만 보유된 국외 주택을 양도한 경우 70%의 양도소득세율이 적용된다. (○, ×)

정답 ×

해설 국외 자산의 양도의 경우 보유기간에 관계없이 등기여부에 관계없이 6%~45%의 누진세율이 적용된다.

06 국내에 7년간 주소를 둔 거주자가 국외 토지를 양도한 경우 예정신고 의무가 있다. (○, ×)

정답 ○

07 거주자(해당 국외자산 양도일까지 계속 5년 이상 국내에 주소를 두고 있음)가 2025년에 국외에 있는 부동산에 관한 권리로 미등기 양도로 발생하는 소득은 양도소득범위에 포함된다. (○, ×) 제31회

정답 ○

❝모두 합격 기원 드립니다.❞

웃는 공양구가 좋구요...^^

세법 강의하는
이태호 배상

제36회 공인중개사 시험대비 **전면개정**

2025 박문각 공인중개사
이태호 파이널 패스 100선 2차 부동산세법

초판인쇄 | 2025. 8. 5. **초판발행** | 2025. 8. 10. **편저** | 이태호 편저

발행인 | 박 용 **발행처** | (주)박문각출판 **등록** | 2015년 4월 29일 제2019-000137호

주소 | 06654 서울시 서초구 효령로 283 서경 B/D 4층 **팩스** | (02)584-2927

전화 | 교재 주문 (02)6466-7202, 동영상문의 (02)6466-7201

저자와의
협의하에
인지생략

정가 16,000원
ISBN 979-11-7519-059-7